COMITÉ DUPLEIX

26, Rue de Grammont

Les Hommes d'action

Montcalm

par

EUGÈNE GUÉNIN

Préface de GABRIEL BONVALOT

PARIS

AUGUSTIN CHALLAMEL, ÉDITEUR

Rue Jacob, 17

Librairie maritime et coloniale

1898

75 centimes.

Montcalm

OUVRAGES DE M. E. GUÉNIN.

En vente à la librairie Fourneau, 18, rue de la Sorbonne. Paris.

La Russie. — Histoire, géographie, littérature. — *Deuxième édition.* — Un vol. in-18, jésus *(épuisé)* broché....... 3 fr. 50

Les Parisiens de Paris. — *Silhouettes artistiques.* — Un volume in-18, broché..................................... 2 fr.

Bucoliques. — Un volume in-18, broché........... 3 fr. 50

Histoire de la Colonisation Française. — Tome I. — LA NOUVELLE FRANCE. *Deuxième édition.* — Ouvrage publié sous le patronage du Comité Dupleix. Un vol. in-18, broché. 3 fr. 50

Les Hommes d'action. — CAVELIER DE LA SALLE, préface de Gabriel Bonvalot. — Un vol. in-18, broché........ 0 fr. 50

TYPOGRAPHIE FIRMIN-DIDOT ET Cⁱᵉ. — MESNIL (EURE).

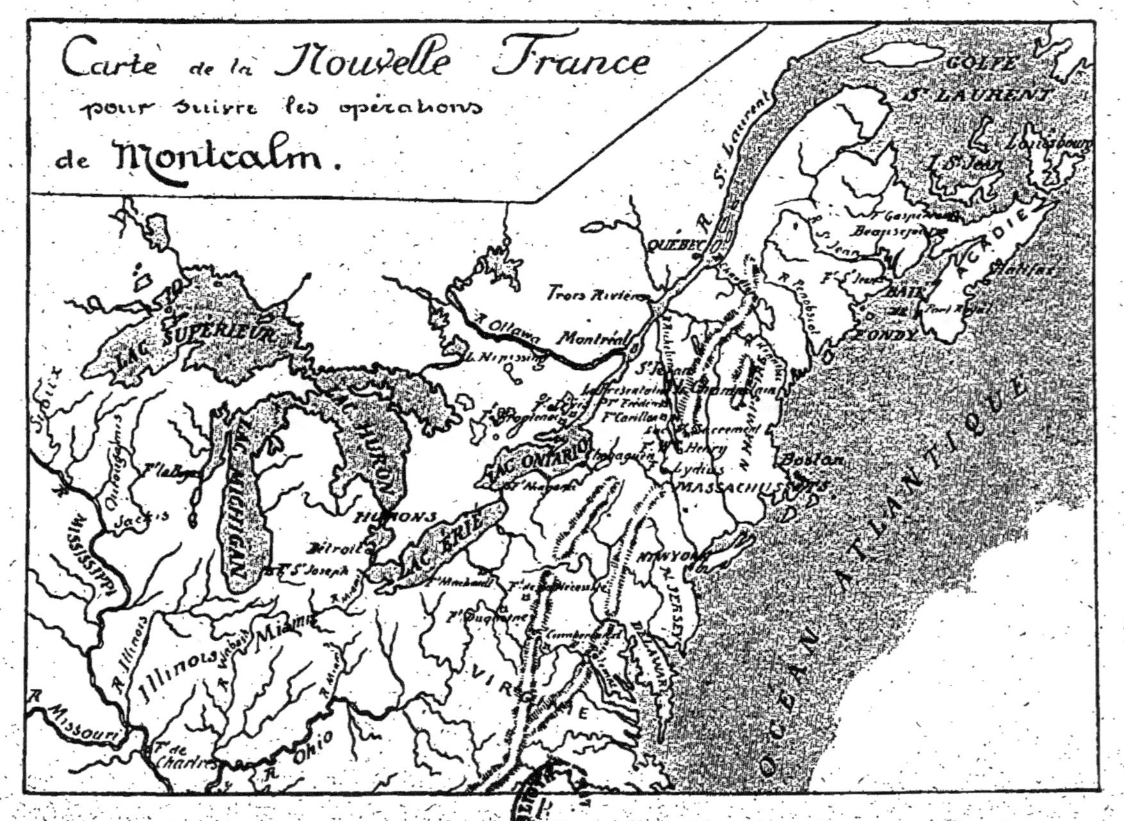

Carte de la Nouvelle France pour suivre les opérations de Montcalm.
GOLFE St LAURENT
L. Louisbourg
I. St Jean
ACADIE
BAIE
Halifax
Port Royal
FONDY
R. St Laurent
QUEBEC
Trois Rivières
R. Ollawa
Montréal
L. Nipissing
LAC SUPÉRIEUR
R. Penobsel
R. St Jean
St Jean
LAC HURON
LAC MICHIGAN
LAC ONTARIO
LAC ÉRIE
HURONS
Détroit
F[t] St Joseph
F[t] la Baye
Ouatanons
Sackis
MISSISSIPPI
R. Illinois
Illinois
Miami
R. Missouri
T[t] de Charlres
R. Ohio
MASSACHUSETTS
Boston
Lydius
F[t] G[e] Henry
Lac St Sacrement
F[t] Carillon
F[t] Frédéric
Lac Champlain
NEW YORK
N. JERSEY
DELAWAR
Cumberland
VIRGINIE
OCÉAN ATLANTIQUE

COMITÉ DUPLEIX

26, Rue de Grammont

Les Hommes d'action

Montcalm

par

EUGÈNE GUÉNIN

Illustrations de Robert Delafontaine

PARIS

AUGUSTIN CHALLAMEL, ÉDITEUR

Rue Jacob, 17

Librairie maritime et coloniale

1898

PRÉFACE

Dans le livre où M. Octave Gréard nous retrace de Madame de Maintenon un vivant et exact portrait, il est une phrase de cette éducatrice qui se pourrait appliquer à l'époque présente.

« Ici tout tourne en discours », dit-elle en adressant des critiques aux dames de Saint-Cyr.

En effet, il serait difficile de nier que beaucoup de questions urgentes traînent en discours depuis nombre d'années sans qu'aucune solution apparaisse. On abuse certainement des discussions, des bavardages, des paroles.

La discussion n'est pas la recherche de la vérité, elle ne sert pas à élucider les idées, à fixer le but et à déterminer les moyens de l'atteindre.

La parole devrait être l'élaboration de l'acte. On la tient pour l'acte lui-même.

Discuter et parler suffisent de plus en plus à procurer une complète satisfaction. Tel croit la besogne faite puisqu'il n'en parle plus.

Quant à l'homme d'action, on tend à le considérer comme une sorte de fou, comme un niais ou un naïf et s'il n'obtient pas des succès immédiats il provoque les gros rires des sots, les sarcasmes des gens spirituels et les haussements d'épaule des innombrables sages, qui forment le troupeau des « je l'avais bien dit ».

Nous avons à la fois la crainte et l'admiration du verbe, beaucoup ont la jubilation du mot.

Formuler une idée, l'exposer, la défendre, cela est bien, mais ce n'est pas tout. Il est mieux d'essayer de la réaliser, si on la croit bonne.

Comment se fait-il que tant de gens parmi nous répètent des mois, des années durant, « il faut faire cela ». Vous leur dites « Faisons-le ». Vous les mettez au pied du mur avec la truelle, le fil à plomb et le reste. Alors, au lieu de se mettre à l'œuvre, ils se détournent, en ayant peine à cacher leur stupeur de vous voir aussi simples. Au fait de quoi parleraient-ils à l'avenir ? Agir, c'est leur voler leur thème, leur brûler leur flûte.

Le vieil homme d'acier, de Moltke, aurait-il raison de nous adresser ce reproche avec dédain :

« Les Français prennent des mots pour des faits. »

J'entends dire de tous côtés qu'il n'a pas tout à fait tort et pour mon compte, j'en connais quelques-uns qui confondent action avec agitation et gesticulation avec gestes.

Gesta Dei per Francos !

*
* *

Des écrivains, des littérateurs se plaignent d'un excès de littérature.

On tend à nous anémier avec des délayages d'idées et avec des rinçures de texte.

Que les commentateurs nous fassent admirer le style de la guerre des Gaules, ils ont raison, puis, que nous admirions le commentateur du commentateur, voilà d'agréables passe-temps ; mais, j'aime mieux m'occuper de César et des Gaulois, il sont plus intéressants. Ce sont leurs actes qu'il faudrait nous expliquer ou soumettre à nos méditations.

Dans notre instruction, les auteurs tiennent plus de

place que les hommes. Le Tasse passe avant les Croisés, Camoëns auteur de Lusiade passe avant Vasco de Gama qui n'est qu'un Portugais, et s'il s'agit de nos hommes d'action, de ceux de notre race, nous ne nous en occupons guère, et François Martin, le prodigieux fondateur de Pondichéry est un inconnu. Montcalm n'est qu'un nom propre. Combien d'autres sont ignorés?

N'est-il pas temps qu'on essaie d'inculquer aux jeunes Français que l'action dans un but sérieux est d'un charme infini et qu'elle porte en elle-même sa jouissance et sa récompense? On enseigne qu'un bon sonnet vaut à lui seul un long poème. Y a-t-il un inconvénient à répéter qu'agir sérieusement, utilement, vaut mieux?

Composer dans une belle langue un discours habile pour demander la lune est artistique; mais capter des sources, creuser des canaux et transformer un désert aride en un frais oasis est sérieux. Croyez-moi, l'orateur éprouve moins de plaisir à se relire au coin du feu que l'armateur qui voit son navire bien frété entrer doucement dans le port, ou que le colon qui se dresse sur ses étriers pour contempler, du haut de son cheval, la plaine verdoyante qu'il a créée par une longue suite d'efforts.

Nous voulons répéter à nos compatriotes qu'il vaut mieux agir que parler. Que ce soit Cavelier de la Salle découvrant le Mississipi, Montcalm succombant sous le nombre, Dupleix martyrisé, Marceau fauché dans sa jeunesse, Champlain, Colbert, Montgolfier, et plus près de nous Pelissier, Séguin, Caillé, Faidherbe, ou bien Boucicaut créant le Bon Marché et assurant l'avenir de ses collaborateurs; que ce soit tout simplement le laboureur qui trace son sillon, ou l'ouvrier qui frappe le fer sur l'enclume et se réjouit de le voir courbé à sa volonté, peu importe, tout ce qui se fait pour entretenir la vie, accroître la gloire ou la puissance de la France, tout cela est bien.

Qu'on ne vienne pas nous dire que nous ne sommes plus bons qu'à blaguer. Nous savons du moins encore mourir. Mais ceux qui parlent font un tel bruit que le brouhaha de leurs phrases inutiles empêche d'entendre les appels des mourants sur les terres lointaines, qui vous crient :

« Faites que le sacrifice de ma vie ne soit pas inutile à ma patrie. »

Quelquefois le sacrifice n'est pas complètement inutile : car il engendre de temps en temps des comités de souscriptions pour une tombe surmontée d'un buste, pour une statue dans un jardin public ; on les « inaugure » et de copieux discours sont prononcés.

Notre conviction est que les poètes des vieilles chansons de gestes trouveraient de nos jours plus d'un sujet pour leurs couplets monorimes.

Nous espérons, malgré tout, que les Français à venir prendront leur essor à leur tour et qu'ils continueront les histoires des « Gesta Dei per Francos » de la manière dont cela peut se faire à notre époque de commerce, d'industrie et de colonisation.

Et vous autres, Français, ne venez pas reprocher au *Comité Dupleix* d'avoir ouvert la série des « hommes d'action français » par Cavelier de La Salle qui mourut assassiné.

Il consacra sa fortune, sa vie entière à son idée. Les difficultés qu'il éprouva du fait de ses compatriotes furent énormes. Un fonctionnaire gouverneur de la côte du Canada l'accusa de vouloir ruiner la colonie, et nia ses découvertes. Il eut deux ou trois satisfactions : un chef d'État qui s'appelait Louis XIV le prit sous sa protection, des ministres qui s'appelaient Colbert et Seignelay le comprirent et l'aidèrent enfin, mais il fut assassiné en essayant de vivre son rêve, ce qui est au reste une fin plus intelligente que celle de l'oie grasse crevant d'apoplexie, d'oisiveté, d'indigestion et de rien faire.

A examiner la vie des véritables hommes d'action on est souvent porté à les plaindre, car ils aboutissent assez rarement au succès complet, mais s'ils ne touchent pas la terre promise; ils ont la grande joie de la montrer aux autres. Et puis ils sont tous observateurs, qu'ils aient à lutter contre les sauvages, contre les amiraux « de l'invincible armada de l'ineptie humaine » ou qu'ils succombent sous les sagaies dans la brousse, qu'ils meurent sur l'échafaud, ou lapidés par les foules, ils ont toujours la joie jusqu'à leur dernier souffle de philosopher sur l'animal humain.

César, dit-on, se couvrit la face pour ne pas voir ses amis ingrats et Brutus, son fils adoptif, le frapper avec rage. Pour moi, je crois qu'il voulait regarder plus à l'aise ceux qui s'acharnaient sur lui, par une déchirure que leurs poignards avaient faite à sa toge.

L'homme d'action en proie aux brutes et ne pouvant rien contre elles, a toujours la philosophie et l'amusement de penser : « Je ne les aurais jamais crues aussi bêtes. »

Vauvenargues a dit : « Nulle jouissance sans action. » Il aurait pu dire aussi bien : « Nulle action sans jouissance. »

Donc agissez, ô Français; si vous voulez garder votre place au soleil. Vous vous ennuierez moins.

Le *Comité Dupleix* a l'ambition de rendre aux Français le goût de l'action. Cette ambition est-elle de la présomption? Si peu encourageante que soit l'heure actuelle, nous nous refusons à le croire. Un des moyens propres à atteindre ce but, nous a semblé être la publication d'une série de volumes où seront tracées les vies des hommes qui agirent et qui en, agissant, contribuèrent à la grandeur ou à la prospérité de la France.

Gabriel BONVALOT.

I

En 1850, un savant historien, professeur à l'école militaire de Saint-Cyr, exposait pour la première fois aux élèves notre histoire nationale. « Lorsque j'en vins, dit-il, au récit de la lutte qui nous a coûté le Canada, l'ardente et sympathique jeunesse qui m'écoutait tressaillit au récit des grandes actions qui avaient honoré le nom français en Amérique. »

L'émotion qui s'empara de cet auditoire d'élite lorsque Dussieux évoqua devant lui cette belle page de nos annales militaires, je la ressens à mon tour en abordant cette dernière partie si passionnante de l'histoire de la Nouvelle-France. C'est la lutte finale dans des conditions d'inégalité telles qu'après en avoir parcouru les diverses phases on reste surpris de l'héroïsme déployé par les chefs, de la vigueur des troupes qu'ils commandaient et de l'esprit de sacrifice d'une population que soutenait seul, au milieu des souffrances les plus cruelles, l'amour du vieux pays.

Le premier de ces chefs, celui que des victoires inespérées allaient couvrir de gloire, et qui devait tomber en soldat aux dernières heures de la lutte, c'est Montcalm.

Louis-Joseph de Montcalm-Gozon, marquis de Saint-Véran, né le 28 février 1712, au château de Candiac, sur les bords du Vistre, à trois kilomètres de Vauvert (Gard), descendait d'une ancienne famille du Rouergue, adonnée au culte des armes ; un de ses aïeux maternels, Gozon, chevalier, puis grand-maître de l'ordre de Saint-Jean de Jérusalem, s'était illustré au quatorzième siècle en délivrant l'île de Rhodes, disait la légende, d'un dragon qui la dévastait.

Après de fortes études littéraires dont il garda le goût au milieu des camps, où ses lectures favorites étaient les œuvres de Plutarque dans le texte grec et les pages immortelles de notre grand Corneille, le jeune Montcalm était, au mois d'août 1721, nommé enseigne au régiment d'infanterie de Hainaut ; à dix-sept ans il était capitaine et faisait ses premières armes sous les ordres du maréchal de Berwick. La guerre de la succession d'Autriche le conduisit en Bohême, où il se lia avec le héros de Prague, Chevert, qui l'honora d'une constante amitié. Promu en 1743 colonel du régiment d'Auxerrois-infanterie, il était nommé la même année chevalier de Saint-Louis. Le 13 juin 1746 à la bataille de Plaisance, il déploya le plus grand courage, et resta, dans une dernière charge, sur le terrain.

« Nous avons eu hier, écrivait-il alors à sa mère, une affaire des plus fâcheuses. Il y a nombre d'officiers généraux et colonels tués ou blessés. Je suis des derniers avec cinq coups de sabre. Heureusement aucun n'est dangereux, à ce que l'on m'assure, et je le juge par les forces qui me restent, quoique j'aie perdu de mon sang en abondance, ayant eu une artère coupée. »

Son régiment qu'il avait deux fois rallié avait été anéanti.

L'année suivante, au sanglant combat du col d'Exiles, dans les Alpes, servant sous les ordres du chevalier de Belle-Isle qui s'y fit tuer avec quatre mille hommes de son armée, Montcalm devenu brigadier, chargeait avec sa fougue entraînante à la tête des troupes, lorsqu'il fut atteint de deux coups de feu et emporté hors du champ de bataille.

En 1734, il avait épousé, entre deux campagnes, la petite-nièce de l'intendant Talon, qui avait contribué si largement au développement de la Nouvelle-France. Six enfants naquirent de ce mariage : quatre filles et deux fils. En 1748, après la paix d'Aix-la-Chapelle, nommé maître de camp, Montcalm séjourna souvent au vieux château de Candiac, se consacrant à l'éducation de ses enfants, relisant ses auteurs favoris, se passionnant toujours pour les choses de l'armée, et approfondissant toutes les questions militaires. Mais cela ne suffisait pas à son activité; en 1750 il siégeait aux États du Languedoc, en 1755 il faisait partie, comme Seigneur de Gabriac, des États du Gévaudan. D'une ardeur infatigable, d'une vivacité d'esprit merveilleuse, Montcalm, en 1755, n'avait pas encore, malgré ses brillants services, la réputation dont il était digne. Au mois de novembre de cette année, se trouvant à Paris, il alla voir le ministre de la Guerre, d'Argenson, et s’entretint avec lui des nouvelles reçues du Canada où la défaite du baron Dieskau pouvait entraîner des conséquences désastreuses. La netteté de vues, l’élévation d’idées et l’entrain du jeune maître de camp charmèrent le ministre. Deux mois après, ayant à désigner le général qui allait être chargé du commandement des troupes à Québec, il écrivait à Montcalm :

« Versailles, 25 janvier 1756, minuit. Peut-être ne vous attendiez-vous plus, Monsieur, à recevoir de mes nouvelles au sujet de la conversation que j’ai eue avec vous le jour que vous m’êtes venu dire adieu à Paris. Je n’ai cependant pas perdu un instant de vue, depuis ce temps-là, l’ouverture que je vous ai faite alors, et c’est avec le plus grand plaisir que je vous en annonce le succès. Le roi a déterminé sur vous son choix pour vous charger du commandement de ses troupes dans l’Amérique septentrionale, et il vous honorera à votre départ du grade de maréchal de camp. »

Montcalm était invité en même temps à se rendre « sans perdre un instant » à Versailles, pour les préparatifs de l’expédition. Il fit aussitôt ses adieux à sa vieille mère, la marquise de Saint-Véran, à sa femme et à ses enfants qu’il espérait revoir un jour couverts de gloire et dignes d’être comparés à ces héros de l’Antiquité, dont il faisait revivre les vertus. La mort, hôte trop fidèle, devait anéantir cette illusion.

Avec lui et comme lieutenants, Montcalm emmenait au Canada le chevalier de Lévis, le colonel de Bourlamaque, et un aide de camp, capitaine de dragons, Bougainville.

Le chevalier de Lévis, depuis duc et maréchal de France, était alors brigadier ; ses rapports avec Montcalm furent toujours ceux d’un officier dévoué à son chef et disposé à lui assurer le concours le plus entier pour la réussite de ses projets. Dès 1756, Montcalm, écrivant au ministre, disait de lui :

« M. le chevalier de Lévis a fort bien pris avec les troupes. Il a un ton très militaire et la routine du commandement. Il n'est pas étonné, il sait prendre un parti, être ferme et s'écarter des ordres donnés de soixante lieues quand il les croit contraires au bien par des circonstances qu'un général éloigné n'a pu prévoir. »

L'entente entre ces deux hommes était complète ; le même sentiment du devoir, la même passion des armes les animaient. Aussi, de son côté, le chevalier de Lévis disait-il au ministre dans sa correspondance :

« Je ne sais si M. le marquis de Montcalm est content de moi : ce qu'il y a de certain c'est que je le suis beaucoup de lui. Je serai toujours charmé de servir sous ses ordres. Ce n'est pas à moi à vous parler de son mérite ni de ses talents, vous les connaissez mieux que moi ; mais je puis avoir l'honneur de vous assurer qu'il a *généralement plu dans cette colonie, et qu'il traite très bien avec les sauvages. Il a aussi établi la discipline parmi nos troupes.* »

M. de Bourlamaque, colonel d'infanterie et ingénieur distingué, qui devait « gagner furieusement » dans l'esprit de tout le monde pendant la campagne de 1757, apportait dans l'accomplissement des missions qui lui étaient confiées un caractère parfois trop minutieux, mais en même temps une grande fermeté et un courage à toute épreuve.

De Bougainville la carrière est trop connue pour y insister ici ; ce capitaine de dragons, alors âgé de 27 ans, avait été d'abord avocat au Parlement de Paris ; il était devenu ensuite un mathématicien que ses travaux devaient faire entrer à l'Académie des sciences, et ses voyages comme navigateur l'ont rendu immortel. Montcalm disait un jour de lui : « Du talent, la tête et le cœur chauds, cela mûrira. »

Très observateur, infatigable au travail, d'une

froide intrépidité au milieu des plus graves dangers, le jeune aide de camp devait rendre à son chef des services que celui-ci savait apprécier, et lorsqu'il lui fallut, à la veille de succomber, adresser au gouvernement qui l'abandonnait un suprême appel, ce fut à Bougainville qu'il confia cette mission.

Et quelles forces le monarque qui le chargeait de la défense du Canada contre les colonies anglaises appuyées par les troupes de la métropole, mettait-il à la disposition du général? Trois mille huit cents hommes. Tel était l'effectif qu'avec ce qu'il amenait de France Montcalm allait avoir sous la main au début des opérations. L'année suivante quinze cents, le dernier secours envoyé, arriveraient de France. Royal-Roussillon, Languedoc, La Reine, Artois, Guyenne, La Sarre, Béarn et Berry, tels sont les noms des régiments dont les cinq mille trois cents soldats, mal nourris, sans souliers, sans solde, n'ayant le plus souvent de munitions que celles enlevées à l'ennemi, allaient être, en quatre ans, réduits à deux mille deux cents, après une série de combats et d'exploits qu'une ingrate patrie a trop oubliés.

Deux mille hommes des troupes de la marine, les contingents des milices canadiennes et les sauvages alliés portaient l'ensemble des forces françaises à quinze ou seize mille hommes, chargés de défendre un pays plusieurs fois grand comme la mère-patrie, et menacé par soixante mille ennemis. « Étonnantes campagnes dont aucune guerre d'Europe ne donne l'idée : pour théâtre des lacs, des fleuves, des forêts sans limites succédant à d'autres lacs, à d'autres forêts, à d'autres fleuves. Pour armée des troupes étranges : le highlander écossais et le grenadier de France qui porte la queue et l'habit blanc, combattent près de l'Iroquois et du Huron à la plume d'aigle. Tantôt la hache à la main, le fusil en bandoulière, les soldats de

ces armées cheminent sous bois, tantôt ils portent à
bras, au delà des rapides écumants, les bateaux où ils
se rembarquent; l'hiver, les raquettes aux pieds, la
peau d'ours au dos, ils suivent sur la neige les traî-
neaux de campagne attelés de grands chiens. Guerre
remplie de surprises, de massacres, de combats corps
à corps, dans laquelle les décharges de l'artillerie et le
roulement des tambours répondent aux hurlements des
Peaux Rouges et au fracas des cataractes. » (De Bon-
nechose.)

Le chevalier de Lévis signalait au comte d'Argenson,
ministre de la Guerre, ces conditions particulières de
la lutte engagée lorsqu'il lui écrivait du fort de Carillon le 17 juillet 1756 :

« Toutes les entreprises sont dans ce pays très difficiles : on en doit presque toujours le succès au hasard.
Toutes les positions qu'on peut prendre sont critiques ;
les attaques et les retraites sont difficiles à faire ; on
ne voyage que dans les bois ; auprès des rivières, il faut
user des plus grandes précautions et avoir la plus
grande patience avec les sauvages qui ne font que leur
volonté, à laquelle dans bien des circonstances il faut
céder. »

Du côté des Anglais, les préparatifs pour la campagne de 1756 étaient formidables. Rien ne fut changé
au plan d'invasion de l'année précédente, mais le cabinet de Londres, sous le coup de la honteuse défaite du
général Braddock, envoya tous les secours qui lui furent demandés. Plusieurs régiments traversèrent l'Atlantique pour renforcer les troupes déjà transportées
en Amérique. Un vieil officier des guerres d'Europe, le
comte de Loudoun, fut désigné comme général en
chef ; la chambre des Communes vota un secours de
115.000 livres sterling pour les colonies ; les gouverneurs des provinces, réunis à New-York, résolurent
de lever dix mille hommes en dehors des troupes ré-

gulières pour attaquer le fort St-Frédéric et marcher ensuite sur Montréal; six mille pour enlever le fort Niagara et couper toute communication du Canada avec la vallée de l'Ohio; trois mille pour s'emparer du fort Duquesne, et deux mille pour descendre vers Québec par la rivière Chaudière, afin de jeter l'alarme au centre même de la colonie et d'empêcher les détachements qui s'y trouvaient de se porter au secours des autres points attaqués.

Du côté des Français, pour s'opposer à une invasion que la supériorité comme nombre des forces anglaises donnait lieu de craindre, trois camps furent créés, l'un au fort de Carillon, élevé à la pointe sud du lac Champlain, le chevalier de Lévis en prit le commandement à la tête de deux mille hommes; le second à Frontenac, à l'entrée du lac Ontario, sous les ordres du colonel de Bourlamaque; le troisième à Niagara, entre les lacs Ontario et Érié, où le capitaine Pouchot, du régiment de Béarn, ingénieur de grand mérite, mit la place en état de résister aux attaques des Anglais et de s'opposer à toute communication avec les nations des hauts pays.

Les frontières ainsi protégées, il restait à profiter de l'inaction de l'ennemi pour essayer de prendre l'offensive. Le gouverneur du Canada, M. de Vaudreuil, considérait comme d'une importance extrême l'enlèvement du fort de Chouaguen, établi par les Anglais au sud du lac Ontario, d'où ils pouvaient prendre la colonie à revers et s'emparer de la navigation des grands lacs. Ce poste n'avait été d'abord qu'un simple établissement de commerce, installé malgré les traités à l'embouchure de la rivière des Onnontagués; puis les Anglais, sans s'arrêter devant les protestations des gouverneurs de Québec, y avaient, en pleine paix, élevé des retranchements. Ils avaient fini par y établir trois forts, et leur projet était d'y concentrer des troupes destinées à attaquer et à prendre les forts Niagara et Frontenac. La colonie française perdait dès lors le commerce des lacs qui formait sa principale richesse; toutes ses communications avec les postes des pays d'en haut et la Louisiane étaient coupées; les tribus sauvages de ces contrées, parmi lesquelles nous comptions des amis nombreux et fidèles, séparées de la colonie, ne pouvaient plus lui apporter leur concours, et le Canada, isolé, sans secours de la mère-patrie, restait à la merci d'une invasion.

L'établissement de Chouaguen se composait du fort Ontario placé à droite de la rivière, sur un plateau élevé; il était garni de douze pièces d'artillerie et entouré d'un fossé de six mètres de largeur sur trois de profondeur; du vieux fort de Chouaguen, consistant en un bâtiment crénelé aux murailles de trois pieds d'épaisseur, avec deux grosses tours carrées et une enceinte défendue par dix-huit canons et quinze obusiers; du fort George, construit de pieux avec retranchement en terre, à six cents mètres de celui de Chouaguen, sur une hauteur le dominant.

Dans les terres enfin, les Anglais avaient édifié près du lac des Onneyouts le fort Bull, où ils rassemblaient des provisions et des munitions qui devaient être transportées à Chouaguen.

Le gouverneur, M. de Vaudreuil, chargea le lieutenant de Léry, des troupes de la marine, de marcher sur ce dernier poste et de le détruire; il lui donna, pour accomplir cette mission, quatre-vingt-treize soldats de marine, cent soixante-dix miliciens et quatre-vingt-deux sauvages.

Parti de Montréal le 17 mars 1756, et passant, à travers les glaces et les neiges, par des sentiers connus des Peaux Rouges seuls, M. de Léry arriva en vue du fort Bull, dont la garnison se composait de quatre-vingt-dix hommes. Afin de ne pas laisser à l'ennemi le

temps de recevoir des secours, il attaqua sans délai,
couvrit de feux les assiégés, enfonça les portes à coups
de hache et se rendit maître de la place dont les défenseurs furent exterminés. Le fort Bull était palissadé et
percé de meurtrières. « Sa prise offrit ceci de singulier que les meurtrières, au lieu d'être une protection
pour la garnison, servirent aux assaillants, qui s'en
emparèrent avant qu'elle pût s'y placer et tirèrent par
ces ouvertures du dehors au dedans de l'enceinte. »
(Garneau.)

Les hangars du fort contenaient une énorme quantité de lard, farine et biscuit, ainsi que des provisions
considérables de poudre et de boulets. De Léry fit enlever tout ce que pouvaient porter ses hommes, jeta
les boulets dans le lac, mit le feu aux bâtiments et en
se retirant fit sauter la poudrière, dont l'explosion
acheva de tout détruire.

Au mois d'avril, un autre détachement de huit cents
hommes, sous le commandement de M. de Villiers, gagna la rivière au Sable, près du lac Ontario, et y cons-
truisit au milieu des bois un fort de pieux. De là M. de
Villiers, tenant en échec la garnison de Chouaguen, di-
rigea plusieurs partis qui attaquèrent audacieusement
les convois de l'ennemi, pillèrent ses arrivages et in-
terceptèrent souvent ses communications avec l'intérieur.

Le siège de Chouaguen étant résolu, et toutes les dispositions prises entre le gouverneur, le marquis de
Montcalm et l'intendant chargé de fournir les vivres
et les moyens de transport, les troupes destinées à
l'expédition furent dirigées sur le fort Frontenac.
Pendant ce temps, pour donner le change à l'ennemi,
Montcalm se transporta au fort de Carillon, où il
chargea le chevalier de Lévis de se livrer du côté du
fort William-Henry, que les Anglais occupaient en
force, à des démonstrations destinées à leur faire

croire que l'attaque principale des Français allait
avoir ce point comme objectif.

Le marquis de Montcalm.

L'artillerie, les munitions de guerre et de bouche
et les troupes qui devaient prendre part au siège
étant arrivées à Frontenac, Montcalm s'y rendit à
son tour le 29 juillet et prit le commandement des trois

mille hommes dont se composait sa petite armée, en y comprenant le corps détaché précédemment sous les ordres de M. de Villiers. Ce corps, servant d'avant-garde et dirigé par M. Rigaud de Vaudreuil, commandant des Trois-Rivières, se porta rapidement sur Chouaguen.

Montcalm, après avoir pourvu aux dispositions nécessaires pour assurer la retraite dans le cas où des forces adverses supérieures la rendraient inévitable, donna l'ordre à deux bâtiments, armés l'un de seize canons, l'autre de douze, de se rendre devant Chouaguen pour y bloquer les embarcations avec lesquelles les Anglais auraient pu tenter de s'opposer à la traversée du lac Ontario, puis il fit embarquer ses troupes à Frontenac et en quatre jours leur transfert sur l'autre rive fut effectué.

Le 10, l'avant-garde cheminant à travers bois, parvenait à une anse située à une demi-lieue de Chouaguen, et y protégeait le débarquement de l'artillerie.

Le 11, à la pointe du jour, les Canadiens et les sauvages s'avancèrent jusqu'à un quart de lieue du fort Ontario et l'investirent. Un chemin fut tracé au milieu des marécages et des bois pour amener l'artillerie à portée du fort, et le travail poussé avec tant d'ardeur que le lendemain les canons y passèrent. On avait en même temps établi le camp, la droite appuyée au lac Ontario et la gauche protégée par un marais ; la flottille ayant servi au transport des troupes était mise hors d'insulte entre le camp et la rive du lac, qu'une batterie défendait contre toute attaque.

La marche des Français, s'avançant seulement la nuit et faisant halte le jour dans les bois, avait jusque-là été ignorée de l'ennemi. Leur approche lui fut révélée par les sauvages qui, après avoir occupé les fourrés des alentours, allèrent faire le coup de feu jusqu'au pied du fort.

Le 12, le débarquement du parc d'artillerie et des vivres étant effectué, les dispositions furent prises pour ouvrir la tranchée le soir même. Montcalm confia la direction des travaux du siège au colonel de Bourlamaque, qui y employa sans relâche six piquets de travailleurs, de cinquante hommes chacun, avec deux compagnies de grenadiers pour les soutenir.

A minuit, une parallèle était ouverte à cent quatrevingts mètres du fossé du fort, dans un terrain embarrassé d'abattis et de troncs d'arbres. Achevée le lendemain à cinq heures du matin, elle fut complétée par des chemins de communication et l'établissement des batteries. L'artillerie ouvrit alors un feu violent sur les remparts, en même temps que la fusillade meurtrière des sauvages et des Canadiens obligeait la garnison à s'abriter derrière les bâtiments et les palissades. A six heures du soir, le tir des Anglais, qui jusque-là avait été soutenu, cessa brusquement, et l'on s'aperçut bientôt que la garnison avait évacué la place pour se réfugier de l'autre côté de la rivière dans le fort de Chouaguen, dont l'enceinte de pierres et les retranchements en terre offraient sans doute une protection plus efficace contre les balles de nos tirailleurs et les boulets des batteries. Huit canons et quatre mortiers étaient restés dans le fort abandonné.

M. de Bourlamaque, après une reconnaissance de ses éclaireurs, fit occuper aussitôt le fort Ontario par les grenadiers de tranchée, et ordonna aux travailleurs de continuer la parallèle, sous le feu des Anglais, jusqu'au bord de la rivière. Il y fit dresser une grande batterie placée de façon à battre Chouaguen ainsi que le chemin du fort George. Vingt pièces de canon y furent charriées à bras d'homme pendant la nuit, et toutes les troupes s'y employèrent avec la plus grande ardeur.

Le 14, au lever du jour, les Canadiens et les sauvages, sous les ordres de M. Rigaud de Vaudreuil, qui donna dans cette journée l'exemple de l'énergie et de l'audace, traversèrent partie à gué, partie à la nage, la rivière dont le courant était des plus rapides et se dispersèrent en tirailleurs dans les bois voisins de Chouaguen pour intercepter les communications avec le fort George. A neuf heures du matin les canons de la batterie tiraient à pleine volée sur le fort et les retranchements, dont les défenseurs étaient décimés par nos tirailleurs cachés dans la forêt. Le colonel Mercer, commandant du fort, était tué, et vers dix heures, les assiégés aux abois arboraient le drapeau blanc.

Le feu ayant cessé, deux officiers vinrent en parlementaires, trouver le commandant Rigaud de Vaudreuil pour demander à se rendre. Il les envoya sous escorte à Montcalm qui accorda la capitulation, à la condition que la garnison resterait prisonnière de guerre et que les troupes françaises occuperaient immédiatement les forts Chouaguen et George.

A la tête des compagnies de grenadiers et des piquets de tranchée qui avaient si brillamment préparé les approches, M. de Bourlamaque prit possession des deux forts et fit procéder à leur démolition, pendant que l'on effectuait le déblaiement de l'artillerie et des munitions qui s'y trouvaient.

Les sauvages alliés avaient commencé, dès la reddition accomplie, à se livrer au pillage et à enlever les chevelures de quelques blessés ; des mesures énergiques aussitôt prises pour s'opposer à ces cruautés et la promesse de riches présents parvinrent heureusement à les arrêter. « Il en coûtera huit à dix mille livres, écrivit Montcalm au ministre, mais cela nous conservera plus que jamais l'affection de ces nations. »

« La célérité de travaux dans un terrain que les Anglais avaient jugé impraticable, — lit-on dans une relation du temps, — l'établissement de nos batteries fait si rapidement, l'idée que ces travaux ont donnée du nombre des troupes françaises, la mort du colonel Mercer et plus que tout encore la manœuvre hardie du sieur Rigaud et la crainte des Canadiens et des sauvages qui faisaient déjà feu sur le fort, ont sans doute déterminé les assiégés à ne pas opposer une plus longue défense. Ils ont perdu cent cinquante-deux hommes, y compris quelques soldats tués par les sauvages en voulant se sauver dans les bois. Le nombre des prisonniers a été de plus de seize cents dont quatre-vingts officiers. On a pris aussi sept bâtiments de guerre, dont un de quarante-huit canons, un de quatorze, un de dix, un de huit, et les trois autres armés de pierriers, outre deux cents bâtiments de transport ; les officiers et équipages de ces bâtiments ont été compris dans la capitulation de la garnison. L'artillerie qu'on a prise consiste en cinquante-cinq pièces de canon, quatorze mortiers, cinq obusiers et quarante-sept pierriers qu'on a enlevés avec une grande quantité de boulets, bombes, balles et poudre, et un amas considérable de vivres. » (Relation de la prise des forts de Chouaguen, 1756.)

Tous les préparatifs des Anglais pour envahir par ce côté la colonie étaient anéantis. Le colonel Weeb, à qui Mercer avait écrit le 12 pour lui demander secours et qui arrivait du fort William-Henry à la tête de deux mille hommes, apprit en route par des fuyards la prise de Chouaguen et rebroussa précipitamment chemin.

Le 21 août, les démolitions achevées, le transport à bord de sa flottille des prisonniers, de l'artillerie conquise et des vivres accompli, Montcalm se rembarqua avec ses troupes pour regagner Montréal, d'où il adressait le 28 au ministre une dépêche lui annonçant la réussite de l'expédition :

« C'est peut-être, disait-il, la première fois qu'avec

trois mille hommes et moins d'artillerie on en a assiégé dix-huit cents qui devaient être promptement secourus par deux mille et qui pouvaient s'opposer à notre débarquement ayant une supériorité de marine sur le lac Ontario. — Toute la conduite que j'ai tenue à cette occasion et les dispositions que j'avais arrêtées sont si fort contre les règles ordinaires que l'audace qui a été mise dans cette entreprise doit passer pour témérité en Europe. Aussi je vous supplie pour toute grâce d'assurer Sa Majesté que si jamais elle veut, comme je l'espère, m'employer dans les armées, je me conduirai sur des principes différents. »

« Il faut croire, — ajoutait-il, surpris lui-même de la faible résistance qui lui avait été opposée, — que les Anglais transplantés ne sont pas les mêmes qu'en Europe. »

Présent sur tous les points d'attaque il rendait à ses soldats une éclatante justice : « Nos troupes se sont portées à tout ce que j'en ai exigé avec un zèle incroyable. »

« Le succès de cette expédition, disait-il en terminant, est décisif pour la colonie. Chouaguen a été la pomme de discorde. Sa position sur le lac Ontario, la manière dont les Anglais s'y fortifiaient, la facilité que les sauvages trouvaient dans cette place pour la traite de leurs pelleteries à beaucoup meilleur compte que dans nos forts, toutes ces raisons faisaient appréhender que tôt ou tard l'Angleterre n'eût la supériorité dans le commerce des pays d'en haut. La prise de Chouaguen rompt leur entreprise à cet égard. C'est une perte de quinze millions pour eux. »

Montcalm écrivait en même temps à sa mère et à sa femme pour leur faire part de sa victoire. Après avoir relaté les détails du siège et les préliminaires de la capitulation, il disait à la marquise de Saint-Véran :

« Les hurlements de nos sauvages les firent promptement se décider. Ils se sont rendus prisonniers de guerre au nombre de dix-sept cent quatre-vingts, dont quatre-vingts officiers, deux régiments de la vieille Angleterre. Je leur ai pris cinq drapeaux, trois caisses militaires d'argent, cent vingt et une bouches à feu, un amas de provisions pour trois mille hommes durant un an, six barques armées et pontées depuis quatre jusqu'à vingt canons. Et comme il fallait dans cette expédition user de la plus grande diligence pour envoyer les Canadiens faire les récoltes et ramener les troupes sur une autre frontière, du 15 au 21 j'ai démoli ou brûlé leurs trois forts et amené artillerie, barques, vivres et prisonniers. »

A sa femme il adressait la relation du siège avec ce tendre et galant billet :

« Voilà une assez jolie aventure, ma très chère, je vous prie d'en faire dire une messe dans ma chapelle. J'ai encore un bon bout de campagne à faire. Je pars pour aller rejoindre avec un renfort de troupes le chevalier de Lévis au lac Saint-Sacrement à quatre-vingts lieues d'ici. Je n'écris qu'à vous, à notre mère, aux Molé, à Chevert et aux trois ministres, à personne d'autre ; ma foi suppléez-y. Je suis excédé de travail ; que ma mère et vous m'aimiez et que je vous rejoigne tous l'année prochaine. J'embrasse mes filles. On ne peut vous aimer plus tendrement, ma très chère. »

Pendant, que dans la colonie on se livrait à des réjouissances en l'honneur de sa victoire et que l'on suspendait aux voûtes de la cathédrale de Québec les drapeaux conquis sur l'ennemi, Montcalm se rendait par le lac Champlain au fort de Carillon pour y prendre, d'accord avec le chevalier de Lévis, les mesures nécessaires afin de mettre ce poste à l'abri d'un coup de main et de s'opposer à une invasion de ce côté où les Anglais avaient rassemblé de grandes forces. Mais le

coup de Chouaguen les avait surpris et le reste de
l'année se passa en escarmouches et en courses de
partis qui accrurent chez les colons anglais la terreur
des Canadiens et des sauvages.

Aussi Lévis pouvait-il écrire avec raison au ministre le 26 octobre 1756 : « Nous terminons cette campagne très glorieusement et très heureusement vis-à-
vis de forces beaucoup supérieures aux nôtres. »

II

En dehors de l'incurie du gouvernement et du coupable abandon dans lequel il laissait le Canada, deux fléaux devaient fatalement en amener la perte : la famine et les prévarications de l'intendant et de ses complices.

Les milices, appelées aux armées, laissaient les champs sans culture; les récoltes manquaient et il fallait attendre des vivres de France pour nourrir les soldats et la masse de la population réduite à la plus

3

affreuse détresse. Plusieurs milliers d'Acadiens, fuyant la proscription anglaise, avaient cherché un refuge au Canada. Tout y faisait défaut pour les recevoir, et ces malheureux, déjà décimés par les fatigues et les maladies dans leur fuite à travers les forêts désertes, eurent à souffrir les plus grandes privations. On les nourrit avec de la viande de cheval et de la morue sèche. Trop affaiblis pour résister au mal, ils succombèrent en grand nombre aux atteintes de la petite vérole qui sévissait à l'état épidémique. La maladie s'étendit aux tribus sauvages parmi lesquelles elle fit d'effroyables ravages; les Abénaquis, si braves et si fidèles, furent presque entièrement anéantis par le fléau.

Les récoltes manquant, les vivres trouvées à Chouaguen servirent à alimenter les postes de Frontenac, de Niagara et de l'Ohio, qu'il aurait été impossible de ravitailler autrement. A Québec, à Montréal, aux Trois-Rivières, l'intendant fut obligé, pour nourrir la population, de lui faire distribuer du pain chez les boulangers auxquels il livrait de la farine provenant des magasins du roi. « Les habitants, mourant de faim, accouraient en foule et se l'arrachaient à la distribution. » (Garneau.) A Québec même, la ration de chaque habitant finit par être réduite à 120 grammes par jour.

Quant à l'armée, les soldats recevaient encore une livre et demie de pain et de la viande de cheval; mais les souliers manquaient et la poudre faisait défaut. La détresse était telle qu'au mois d'octobre 1757 le commissaire des guerres, Doreil, écrivait au ministre ces lignes véritablement navrantes : « Je n'ose pas désirer les renforts si urgents en hommes, car on ne pourra les nourrir! — Nous sommes, à l'égard des subsistances, dans la plus grande détresse depuis l'hiver. »

Le gouverneur, l'intendant, Montcalm, Lévis, tous écrivirent en France pour dépeindre la situation dans laquelle on se débattait ; tous insistèrent sur ce point que le succès de la prochaine campagne dépendrait surtout des subsistances qui seraient expédiées, et que sans cet envoi la colonie était exposée aux plus grands dangers.

Mais la Cour avait bien d'autres soucis que de secourir ces désespérés dont les plaintes l'importunaient et qui coûtaient trop cher au trésor : il s'agissait d'humilier le roi de Prusse qui osait se moquer de madame de Pompadour, et de donner des centaines de millions et tout le sang de nos soldats à l'Autrichienne Marie-Thérèse, la grande amie de la maîtresse du roi. Quant à ceux qui, malgré tout, défendaient au loin l'honneur de la France, mille ou douze cents recrues et quelques navires chargés de farine suffisaient.

Si, encore, les secours dérisoires envoyés de France étaient parvenus à destination et avaient été utilisés au mieux des intérêts de la colonie ! Mais il s'était formé un monstrueux syndicat de convoitises et d'appétits dont le chef occulte n'était autre que l'intendant lui-même, l'infâme Bigot, le second de M. de Vaudreuil dont l'incroyable faiblesse tolérait tous les abus, tous les crimes, et il n'en était pas de plus abominable que d'affamer un peuple pour s'enrichir à millions.

Bigot, proche parent du marquis de Puysieulx et du maréchal d'Estrées, était d'autant plus dangereux que, très appuyé auprès d'une Cour que les pires corruptions déshonoraient elle-même, il était assez habile pour masquer ses agissements et avait trouvé des appuis et des complices dans l'entourage du gouverneur. D'un caractère dur et hautain avec les faibles, il était en affaires d'une souplesse et d'une finesse extrêmes. Aimant le jeu, très fastueux, il dépensait en orgies, avec la même facilité qu'il les gagnait, les sommes énormes que lui rapportaient ses ténébreuses spéculations.

Grâce à ses manœuvres et à sa fortune, il avait monopolisé, sous le couvert d'une société, tout le commerce de la colonie, toutes les fournitures de vivres et d'outils à l'armée, les transports pour la guerre, les bois de chauffage et les travaux publics. Toute la finance, comme intendant, était dans ses mains; il agissait sans contrôle, sans surveillance, et usait à ce point de vue d'une autorité presque despotique, changeant le nom des dépenses, leur objet, leur quantité, concluant des marchés factices, étendant ses opérations sur toutes les livraisons possibles, et volant sur tout. Il faisait enlever par la force, au nom du roi, les grains et les bestiaux chez les malheureux habitants des campagnes, les leur payait à vil prix, et en opérait la revente, par la société, à des taux fabuleux. Le pain, qui lui revenait ainsi à trois sous la livre, était livré au public à vingt et trente sous; la viande, qui lui en coûtait six, n'était cédée que de quarante à soixante sous. Les vivres distribués aux soldats étaient comptés et payés quatre fois plus qu'ils ne valaient. On alla jusqu'à faire solder, comme achetés, ceux qui étaient livrés, au nom du roi, au munitionnaire !

Les principaux associés de Bigot dans son œuvre malfaisante étaient un nommé Cadet, de boucher devenu munitionnaire général, homme ignorant, cruel et fourbe; Varin, commissaire ordonnateur de la marine à Montréal; Hugues Péan, aide-major à Québec; Le Mercier, de simple soldat devenu maître d'école à Beauport, ensuite cadet-officier de milices, et enfin commandant de l'artillerie, créature de Vaudreuil sur lequel il avait, disait-on, une grande influence; des commis marchands comme Corpron et Maurin; Bréard, contrôleur de la marine ; d'Estèbe, garde des magasins à Québec, qui rentra en France avec une fortune de près d'un million ; Perrault, cultivateur, puis aubergiste, secrétaire du gouverneur et major général des milices ; et bien d'autres dont les déprédations étaient couvertes par l'intendant tant qu'elles ne heurtaient pas ses propres intérêts.

Toute la correspondance du Canada est remplie d'accusations contre cette bande ; ses malversations, ses rapines sont signalées à l'envi par Montcalm, par Lévis, par Bougainville, comme par le commissaire des guerres Doreil et tous les honnêtes gens.

« Je ne blâme pas seulement le munitionnaire, écrivait Doreil ; il y aurait tant de choses à dire là-dessus que je prends, par prudence, le parti de me taire. Je gémis de voir une colonie si intéressante et les troupes qui la défendent exposées, par la cupidité de certaines personnes, à mourir de faim et de misère. » (22 octobre 1757.)

Trois jours après, dans une autre lettre chiffrée adressée au ministre, après avoir rappelé la famine qui désolait le Canada, l'épidémie apportée par les recrues nouvellement débarquées, il revenait sur les agissements de Bigot et terminait en ces termes : « Je n'aspire qu'au moment heureux où, avec la permission du roi, je pourrai repasser en France et n'être plus spectateur inutile de choses aussi monstrueuses que celles qui se passent sous nos yeux. M. de Moras, ministre de la Marine, ignore la véritable cause de notre triste situation ; il ne convient ni à M. de Montcalm ni à moi de tenter de l'en instruire, d'autant plus que nos représentations ne parviendraient probablement pas jusqu'à lui. »

Plus tard, il écrivait encore au sujet de Péan : « Il est attaché à la partie des subsistances. — Il a fait une fortune si rapide qu'on lui donne deux millions. — Regardez-le comme une des premières causes de la mauvaise administration et de là perte de ce malheureux pays. »

Montcalm, dans une dépêche du 4 novembre 1757 au ministre de la Guerre, déplore que Bigot ait acheté beaucoup de vin et d'eau-de-vie, et peu de farine, parce qu'il y avait plus à gagner sur la boisson ; « mais, ajoute-t-il, couvrons cette matière d'un voile épais, elle intéresserait peut-être les premières têtes d'ici. »

« Quel pays, écrivait-il à sa mère, tous les marauds y font fortune et tous les honnêtes gens s'y ruinent ! »

Enfin, le 12 avril 1759, il disait au ministre : « M. Bigot ne paraît occupé que de faire une grande fortune pour lui et ses adhérents et complaisants. L'avidité a gagné les officiers ; gardes-magasins, commis qui sont vers la rivière St-Jean ou vers l'Ohio, auprès des sauvages dans les pays d'en haut font des fortunes étonnantes. Ce n'est que certificats faux admis ; si les sauvages avaient le quart de ce qu'on dépense pour eux, le roi aurait tous ceux de l'Amérique. — L'envie de s'enrichir influe sur la guerre sans que M. de Vaudreuil s'en doute. Comment abandonner des positions qui servent de prétexte à faire des fortunes particulières ? Les transports sont donnés à des protégés. — On dit que ceux qui ont envahi le commerce sont de par le roi. A-t-il besoin d'achats de marchandises pour les sauvages, au lieu d'acheter de la première main on avertit un protégé qui achète à quelque prix que ce soit. De suite M. Bigot le fait porter aux magasins du roi en donnant 100 et même 150 % de bénéfice à des personnes qu'on a voulu favoriser. Faut-il faire marcher l'artillerie, faire des charrettes, des outils ? M. Mercier qui commande l'artillerie est entrepreneur sous d'autres noms. Cet homme, venu simple soldat il y a vingt ans, sera bientôt riche d'environ 6 ou 700.000 livres, peut-être un million, si cela dure. J'ai parlé souvent avec respect de ces dépenses à M. de Vaudreuil et à M. Bigot, chacun a rejeté la faute sur son collègue. »

Et Montcalm ajoutait cette réflexion d'une terrible portée : « Il paraît que tous se hâtent de faire leur fortune avant la perte de la colonie, que plusieurs peut-être désirent comme un voile impénétrable de leur conduite ! »

Toutes ces plaintes si précises, ces accusations si accablantes n'eurent qu'un résultat, une lettre du ministre de la Marine à Bigot, dans laquelle il lui disait :

« On vous attribue directement d'avoir gêné le commerce dans le libre approvisionnement de la colonie. Le munitionnaire général s'est rendu maître de tout et donne à tout prix ce qu'il veut. Vous avez vous-même fait acheter pour le compte du roi, de la seconde et troisième main, ce que vous auriez pu vous procurer de la première à moitié meilleur marché. Vous avez fait la fortune des personnes qui ont des relations avec vous, par les intérêts que vous avez fait prendre dans ces achats ou dans d'autres entreprises ; vous tenez l'état le plus splendide et le plus grand jeu au milieu de la misère publique. Je vous prie de faire de très sérieuses réflexions sur la façon dont l'administration qui vous est confiée a été conduite jusqu'à présent. Cela est plus important que peut-être vous ne le pensez. »

Mais la Cour était loin, les ministres changeaient au gré de la favorite, le gouverneur dans son aveugle confiance écrivait à Paris pour justifier l'intendant, et les désordres continuèrent comme l'indiquait Montcalm jusqu'à la chute de la colonie, désirée par ces misérables « comme un voile impénétrable ».

Les agissements de Bigot avaient une autre conséquence, celle d'amener d'incessants tiraillements entre le commandant des troupes et le marquis de Vaudreuil. Celui-ci, Canadien de naissance, subissait l'influence de son entourage et favorisait des officiers de milices que leur entente avec Bigot aurait dû lui faire tenir à l'écart. Écoutant trop volontiers leurs incitations malveillantes, il reprochait aux troupes régulières de ne pas vivre en bonne intelligence avec les Canadiens, à leurs officiers de traiter les milices d'une façon hautaine, et de maltraiter les sauvages. Lévis, Bougainville, Montcalm lui-même s'efforçaient vainement de l'éclairer, de lui signaler les dangers d'une pareille attitude dans une situation aussi critique. Montcalm, avec une franchise et une bonne foi dignes de ce noble cœur, écrivait à M. de Vaudreuil pour lui indiquer les inconvénients graves de l'hostilité que l'on cherchait à envenimer entre eux, et il ajoutait très loyalement : « J'ai déjà eu l'honneur de vous dire que nous comptions n'avoir tort ni l'un ni l'autre ; il faut donc croire que nous l'avons tous les deux, et qu'il faut apporter quelque changement à notre façon de procéder. »

Bougainville, envoyé par son chef auprès du gouverneur obtint de lui la promesse de vivre en bons rapports avec le général, mais cette entente ne devait pas durer. Trop de gens travaillaient à maintenir la désunion, et Bougainville, écrivait avec raison au ministre, que « ces tracasseries étaient excitées entre les chefs par des subalternes intéressés à les brouiller », et que les intrigants « qui avaient peut-être un intérêt pécuniaire et de concussion à ce que les conseils d'un homme aussi intègre que juge éclairé ne fussent pas crus en tout », susciteraient sans doute de nouvelles difficultés.

Pour les Canadiens, tout en appréciant leur courage, l'endurance dont ils donnaient tant de preuves et leur adresse comme tireurs, Montcalm considérait que « des soldats qu'on ne peut garder que cinq mois en campagne ne pourraient jamais lutter contre des troupes régulières ». Comme on lui reprochait cette opinion, il répondit au ministre : « A l'égard de leur valeur, nul ne rend aux Canadiens plus de justice que moi, mais je ne les emploïerai que dans leur genre et je chercherai à étayer leur bravoure de l'avantage des bois et de celle des troupes réglées. »

C'est dans ces conditions, en effet, que ces intrépides colons étaient de merveilleux auxiliaires et que leur supériorité comme tireurs assurait le succès.

Quant aux sauvages, jamais homme n'eut sur eux plus d'influence que Montcalm. Dès les premiers jours de son arrivée au Canada, on vit ce lettré, cet homme d'une vivacité toute méridionale, d'une mobilité d'esprit merveilleuse, passer gravement des journées entières dans une hutte de Peaux Rouges, assis au feu du conseil, et fumant le calumet au milieu des chefs.

« Avec mes amis les sauvages, souvent insupportables, écrivait-il à sa mère, il faut avoir une patience d'ange ; depuis que je suis ici, ce ne sont que visites, harangues et députations de ces messieurs ; les dames des Iroquois, qui ont toujours part chez eux au gouvernement, en ont été aussi et m'ont fait l'honneur de m'apporter un collier, ce qui m'engage à les aller voir et à chanter la guerre chez eux. »

En présence de ses amis rouges, il gardait « le sérieux qui sied à un guerrier et surtout à un grand chef », mais il faisait d'eux à sa mère un portrait qui complète merveilleusement ce qu'en disent toutes les relations : « Ce sont de vilains messieurs, même en sortant de leur toilette, où ils passent leur vie. Vous ne le croiriez pas, mais les hommes portent toujours, avec le casse-tête et le fusil, un miroir à la guerre pour se faire barbouiller de diverses couleurs, arranger leur plumet sur la tête, leurs pendeloques aux oreilles et aux narines. Une grande beauté, chez eux, c'est de s'être fait déchiqueter de bonne heure l'orbe des oreilles, de l'avoir allongé pour le faire tomber sur les épaules. »

Il ne fallait pas moins que la conduite si politique du général pour s'assurer le concours de ces guerriers indociles, fiers et vindicatifs, mais doués d'une subtilité inouie, guides indispensables au milieu des forêts du nouveau monde et formidables combattants lorsque, hurlant leur cri de guerre, ils se précipitaient sur l'ennemi terrifié par leur effrayante apparition.

Manque de vivres, de chaussures et d'habillements, défaut de munitions, dissensions avec le gouverneur et l'intendant, telles sont les difficultés au milieu desquelles vont se débattre, jusqu'à la dernière heure de la lutte suprême, l'infortuné Montcalm et ses lieutenants. Lévis, dont la correspondance révèle un caractère froid et résolu, insiste continuellement sur la détresse des troupes, auxquelles une nourriture insuffisante ne permet pas de supporter les extrêmes fatigues de pareilles campagnes.

« A peine avions-nous des vivres pour tenir un mois, écrit-il au printemps de l'année 1757, mais comptant sur les secours de France, on forma les préparatifs pour faire le siège du fort William-Henry ; les matériaux furent mis en mouvement de bonne heure. »

Après avoir détruit Chouaguen, il s'agissait en effet d'attaquer le fort élevé par les Anglais à l'extrémité du lac Saint-Sacrement, dont le baron de Dieskau n'avait pu s'emparer, et qui permettait à l'ennemi de réunir dans ces parages des forces nombreuses menaçant les forts Carillon et Saint-Frédéric.

L'hiver, bien qu'il eût été d'une rigueur extrême, n'avait pas arrêté les hostilités. Un gros détachement comprenant deux cent cinquante soldats volontaires des régiments de la Sarre, Royal-Roussillon, Languedoc et Béarn, deux cent cinquante hommes de troupes de la colonie, six cents Canadiens et trois cents sauvages, s'était porté sous le commandement du frère du gouverneur, Rigaud de Vaudreuil, jusqu'aux abords du fort William-Henry, franchissant soixante lieues à raquettes sur les glaces et les neiges, les hommes portant leurs vivres, couchant dans les bois par un froid terrible, et n'ayant qu'une simple toile pour les abriter du vent. Mais le manque d'artillerie n'avait pas permis d'attaquer la place, et les Français avaient dû se borner à tout ravager aux alentours. Trois cent cinquante canots, quatre grandes barques armées de canons, des moulins, deux magasins remplis d'effets de troupes et de vivres, toutes les habitations entourant le fort ainsi que d'énormes approvisionnements de bois de construction et de chauffage furent incendiés malgré les feux de mousqueterie et les coups de canons tirés des remparts ; pendant quatre jours, la garnison, environnée de flammes, n'osa pas effectuer une sortie, et laissa détruire ainsi tous les préparatifs accumulés sur ce point pour une invasion du Canada par le lac Champlain.

Dans cette pointe hardie sur le territoire ennemi, les divers corps composant la colonne avaient rivalisé d'entrain et d'endurance. « Les Canadiens, disait Montcalm au ministre en lui rendant compte de l'opération, ont été étonnés de voir que nos officiers et soldats ne leur ont cédé en rien dans une guerre et un genre de marche auxquels ils n'étaient pas accoutumés. Il faut en effet convenir qu'on n'a point idée en Europe d'une fatigue où l'on soit obligé pendant six semaines de marcher et coucher quasi toujours sur la neige et sur la glace, être réduits au pain et au lard et souvent traîner ou porter des vivres pour quinze jours. Nos troupes l'ont soutenu avec beaucoup de gaîté et pas le moindre murmure.

« Parmi les diverses souffrances que l'on a eues dans ce détachement, l'on a éprouvé un accident singulier, c'est celui de perdre la vue totalement par la réflexion du soleil sur la glace. Il y a eu au retour un tiers d'aveugles, tant Canadiens, sauvages, que des nôtres, que leurs camarades étaient obligés de mener comme des Quinze-vingts. Mais au bout de deux jours ils ont recouvré la vue avec des remèdes faciles. » (Lettres des 24 avril et 11 juillet 1757.)

Le thermomètre était descendu pendant cette expédition à 18, 20 et 27 degrés au-dessous de zéro.

Les préparatifs de l'ennemi avaient été ruinés, et l'obligation où il se trouvait de les renouveler avant de pouvoir rien entreprendre permettait aux Français de prendre encore une fois l'offensive. Quelques prisonniers, amenés par des éclaireurs et interrogés sur les mouvements des troupes anglaises, donnaient lieu de croire qu'une partie de leurs forces, sous le commandement du général Loudoun, se portait vers Louisbourg pour en entreprendre le siège. Il fallait profiter de leur éloignement pour attaquer le fort William-Henry, et supprimer enfin ce dangereux voisinage. « Nous allons nous mouvoir dans quelques jours, écrit Montcalm à sa mère le 25 avril 1757; un corps de Canadiens part pour la Belle Rivière à trois cents lieues d'ici; des troupes de terre, qui ont passé l'hiver à cent vingt lieues, pourront les suivre. M. de Bourlamaque part aussi avec des troupes pour le fort de Carillon, que j'avais mis hors d'insulte et approvisionné; le reste s'avance sur la frontière. »

Mais il était d'abord nécessaire de réunir des vivres. On en fit faire dans les campagnes la recherche exacte, facilitée du reste par la bonne volonté des Canadiens auxquels on laissait espérer que les approvisionnements destinés par la Cour à la colonie, et que le gouverneur avait demandés avec instance, ne tarderaient pas à arriver pour remplacer ce qu'on leur prenait.

Nous voulons essayer sur les Anglais le tomahawk de nos pères.

Puis il y eut à attendre les sauvages alliés : toutes les nations des pays d'en haut avaient été convoquées à Montréal ; trente-deux avaient répondu à cet appel.

Le 22 juillet, deux cents canots montés par deux mille guerriers étaient réunis sous les remparts du fort de Carillon ; beaucoup d'entre eux avaient parcouru trois et quatre cents lieues pour se trouver au rendez-vous. Un des principaux chefs de ces nations, s'adressant à Montcalm lui dit au nom de tous, dans sa langue imagée : « Nous voulons essayer sur les Anglais le tomahawk de nos pères, afin de voir s'il coupe bien ! »

A la fin de juillet, trois mille hommes de troupes, deux mille cinq cents Canadiens et les sauvages étant rassemblés, les opérations commencèrent aussitôt. Pendant qu'à grand'peine les soldats, officiers en tête, traînaient ou portaient à bras, en six jours, trente-deux pièces de canon, cinq mortiers, cinq cents canots, les munitions et les vivres du lac Champlain au lac Saint-Sacrement, les sauvages s'avancèrent en éclaireurs vers le fort William-Henry. Un de leurs détachements, conduit par des officiers canadiens aperçut dans le lointain au petit jour une troupe en reconnaissance sur le lac Saint-Sacrement. Elle était composée de trois cent cinquante soldats anglais et onze officiers montés sur vingt-deux berges. Les sauvages, embusqués dans les bois le long du lac, laissèrent s'approcher à portée les embarcations ennemies, puis ouvrirent sur elles un feu meurtrier et se jetèrent avec leurs légers canots à leur poursuite. Les hurlements des agresseurs et la vigueur de l'attaque imprimèrent aux adversaires une telle frayeur qu'ils n'opposèrent qu'une faible résistance. Deux berges parvinrent à se sauver à force de rames ; toutes les autres furent prises ou coulées à fond. Cinq officiers et cent cinquante-six hommes restèrent aux mains des assaillants ; cent cinquante furent tués ou noyés.

L'arrivée au milieu du campement français des vainqueurs avec leurs prisonniers répandit dans les troupes, la plus vive allégresse; elles voyaient dans cet heureux coup de main le présage du succès de la campagne qui commençait. Mais les sauvages faillirent la compromettre en voulant se disperser et regagner leurs villages. Ils considéraient en effet qu'après avoir ainsi frappé sur l'adversaire, c'était tenter le Maître de la vie que de continuer la lutte, et « leur esprit superstitieux et inquiet à l'excès jonglait, rêvait et se figurait que tout délai pouvait leur être fatal ». (Bougainville.)

Montcalm, qui connaissait leurs usages et leurs préjugés comme s'il avait été élevé au milieu de leurs cabanes, les réunit en conseil et les écouta patiemment. Après que chacun des chefs eut parlé librement, il se leva, répondit à leurs objections, leur dit que le grand Onontio, le roi de France, l'avait envoyé au milieu d'eux pour défendre ses enfants, qu'ils ne pouvaient pas le quitter ainsi, l'abandonner au début de la lutte engagée contre leurs ennemis communs, et acheva son discours en jetant au milieu d'eux un collier, gage sacré de sa parole et image de leur union.

Un chef Outaouais, portant sur la poitrine une médaille à l'effigie du roi, ramassa le collier et déclara solennellement au nom de tous qu'ils obéiraient à la volonté de leur père.

Puis, du sein de cette foule frémissante, une voix s'éleva, invoquant les esprits :

« Manitous, vous tous qui êtes dans les airs, sur la terre et sous nos pieds, détruisez nos ennemis, livreznous leurs dépouilles et ornez nos cabanes de leurs sanglantes chevelures ! »

Une explosion de hurlements et de cris de guerre répondit à ce chant. Montcalm pouvait compter sur ses alliés.

Tandis que le chevalier de Lévis, avec trois mille hommes, suivait par terre à travers les taillis et les bois les bords du lac Saint-Sacrement jusqu'en vue des retranchements de William-Henry, le reste des troupes gagnait par eau la plage la plus voisine et, le 30 juillet, l'armée était concentrée à une demi-lieue du fort. Pendant cette opération, les sauvages contournant la place dont la forêt facilitait l'approche, allaient occuper les sentiers et intercepter toute communication avec le fort Lydius, situé à six lieues de distance, et où se trouvait le colonel Webb avec quatre mille hommes.

Le fort William-Henry, disposé en carré garni de quatre bastions, était entouré de murs de quatre à cinq mètres d'épaisseur formés de gros troncs d'arbres soutenus par des pieux et garnis de terre, avec fossés et terrassements défendus par vingt-cinq pièces d'artillerie. Cinq cents hommes en constituaient la garnison. A quelque distance, une hauteur rocheuse dominait les alentours ; on y avait établi un camp retranché, occupé par dix-sept cents hommes destinés à relever à tour de rôle la garnison du fort.

Le chevalier de Lévis, à qui Montcalm avait confié le commandement de l'avant-garde, commença les approches. Repoussant vivement les postes avancés de l'ennemi qu'il rejeta dans la place, il gagna le chemin du fort Lydius, investit le fort et le camp retranché, et prit ses dispositions pour faire front aux secours que le colonel Webb allait sans doute envoyer aux assiégés. Ses éclaireurs firent quelques prisonniers par lesquels il apprit qu'un renfort d'un millier d'hommes était arrivé la veille au fort William-Henry et que le camp retranché renfermait deux mille soldats et miliciens.

Les retranchements ne pouvaient être enlevés par une attaque de vive force. Montcalm, renonçant à un assaut qu'un ennemi nombreux, à l'abri de solides fortifications, aurait certainement repoussé, se décida à commencer le siège du fort, pendant que Rigaud de Vaudreuil, à la tête des sauvages et des Canadiens, occupait les troupes concentrées dans le camp retranché. M. de Bourlamaque fut chargé comme ingénieur de diriger les opérations du siège.

Tous les préparatifs étant achevés le 3 août, Montcalm somma en ces termes le colonel Munro, commandant du fort, d'avoir à se rendre :

« J'ai ce matin investi votre place avec une nombreuse armée, une artillerie supérieure et tous les sauvages des pays d'en haut, dont un détachement de votre garnison a trop appris récemment à connaître la férocité. Je suis obligé, par humanité, de désirer que vous vous rendiez. Il est encore en mon pouvoir de retenir les sauvages et de les obliger à observer une capitulation, alors qu'aucun d'eux n'a encore été tué ; cela ne me sera plus possible dans d'autres circonstances, et votre insistance à défendre votre fort ne peut en retarder la perte que de peu de jours en exposant sans nécessité une malheureuse garnison qui ne peut recevoir aucun secours par suite des précautions que j'ai prises. »

Le colonel Munro répondit :

« Monsieur le général, je vous suis obligé des offres gracieuses que vous me faites, mais je ne puis les accepter. Je crains peu la barbarie ; j'ai d'ailleurs sous mes ordres des soldats disposés comme moi à périr ou à vaincre. »

La parole était au canon.

La tranchée, ouverte le 4 août vers huit heures du soir, malgré le feu de l'artillerie anglaise, permit d'installer les batteries à six cents mètres des remparts et de commencer à tirer sur la place, au milieu des cris de joie des sauvages, ravis de voir parler les « gros fusils ». Soldats et Canadiens, enflammés par l'exemple de Montcalm dont la vivacité et l'entrain les électrisaient, s'étaient employés avec une indicible ardeur à creuser le sol et à traîner sur un espace d'une demi-lieue, à travers les fourrés et les rochers, les pièces destinées au siège; les sauvages eux-mêmes, armés de pelles et de pioches, ouvrirent une tranchée vers les retranchements qu'ils étaient chargés de surveiller, et furent bientôt à portée de fusil. Profitant alors des épaulements de terrain qui les masquaient, ils ouvrirent sur les palissades du camp un feu violent qui ne permit pas à l'ennemi de tenter une sortie.

Cinq cents hommes soutenus par trois cents grenadiers étaient employés aux tranchées, dont les travaux furent poussés avec la plus grande vivacité, malgré le tir continuel de la place. Le quatrième jour, la dernière parallèle était ouverte à soixante-dix mètres des remparts. Le 7, vers le soir, cinq cents soldats essayèrent une sortie du camp retranché, pour communiquer avec le fort Lydius; M. de Villiers, avec un petit corps de sauvages et de Canadiens les arrêta dans leur marche et après en avoir tué soixante, rejeta le reste dans la place en faisant quelques prisonniers.

Malgré la vigueur de l'attaque et la rapidité avec laquelle les assiégeants gagnaient du terrain, le colonel Munro résistait énergiquement; il comptait sur la prochaine arrivée du colonel Webb, qui, du fort Lydius, pouvait entendre les roulements incessants du canon. Une communication de Montcalm réduisit à néant cette espérance.

Des sauvages, embusqués dans les bois en avant des grand'gardes, surprirent deux courriers partis du fort Lydius. L'un fut pris, l'autre tué; en fouillant ce dernier, on trouva sur lui une lettre cachée dans une balle creuse. Elle était du colonel Webb. Il mandait à Munro que la situation dans laquelle il se trouvait au fort Lydius ne lui permettait ni d'aller à son secours, ni de se dégarnir d'une partie de ses troupes; que les Français, d'après ses renseignements, étaient au nombre de onze mille, avec une artillerie considérable, et qu'il lui conseillait de se rendre en se ménageant les conditions les plus avantageuses, à moins qu'il ne fût en état d'attendre l'arrivée des renforts demandés à Albany.

Montcalm, mis en possession de ce document, écrivit aussitôt au commandant anglais :

« Monsieur, un de mes partis rentré hier au soir avec des prisonniers, m'a procuré la lettre que je vous envoie par une suite de la générosité dont je fais profession vis-à-vis de ceux avec qui je suis obligé de faire la guerre. »

Munro fut atterré par cette communication, et profondément découragé par l'abandon d'un frère d'armes sur le secours duquel il avait cru pouvoir compter; il voyait ses batteries démontées, ses soldats décimés par le tir meurtrier des Français; ceux qui restaient, malgré leur nombre, étaient démoralisés par les progrès rapides des assiégeants et les vociférations des sauvages se préparant à l'assaut, au massacre et au pillage.

Le 9 août à sept heures du matin, le drapeau blanc était hissé sur les remparts croulants; Munro demandait à capituler.

Montcalm, pour rendre hommage à la belle défense du vieil officier que le sort des armes mettait à sa merci, lui accorda la sortie de la garnison du fort et des troupes du camp retranché avec les honneurs de la guerre; les bagages des officiers, les effets des soldats et leurs armes leur étaient laissés. Aucun d'eux, aux termes de l'article 4 de la capitulation, ne devait servir pendant dix-huit mois contre la France et ses alliés.

L'article 5 spécifiait que tous les officiers et soldats français, ainsi que les Canadiens et les sauvages faits prisonniers depuis le commencement de la guerre dans l'Amérique du Nord, seraient délivrés en échange dans un délai de trois mois.

Enfin pour escorter les Anglais sur la route du fort Lydius, il fut convenu qu'un détachement, avec quelques officiers ou interprètes attachés aux sauvages les accompagnerait le lendemain matin jusqu'à une certaine distance.

On trouva dans le fort quarante-trois bouches à feu, trente-cinq mille livres de poudre et des vivres en quantité suffisante pour nourrir l'armée pendant six semaines. C'était afin de réserver ces approvisionnements pour ses propres troupes que Montcalm autorisait les deux mille cinq cents prisonniers, que la prise du fort William-Henry lui livrait, à regagner le territoire anglais; jamais il n'aurait pu nourrir tout ce monde.

Les signatures échangées, les vaincus se retirèrent dans leur camp, pendant que les troupes de service à la tranchée, sous la direction de Bougainville, prenaient possession du fort qu'elles devaient détruire jusqu'aux fondements après l'enlèvement de l'artillerie et des vivres.

Avant d'accorder la capitulation, Montcalm avait voulu prendre l'avis de toutes les nations sauvages, afin de les adoucir par cette condescendance et de rendre inviolable le traité par leur agrément. « Tous les chefs avaient approuvé les articles de la convention et s'étaient engagés à maintenir la jeunesse dans le devoir. » Mais on sait quelle faible influence ils exerçaient sur les guerriers qui les accompagnaient, surtout lorsque l'eau de feu qu'ils recherchaient avidement les transformait en fous furieux. Aussi Bougainville, en exécution des ordres de Montcalm, fit-il immédiatement défoncer tous les tonneaux de spiritueux qui furent trouvés dans le fort. Malheureusement, les Anglais, croyant se concilier ainsi les Peaux Rouges, « dont ils avaient une frayeur inconcevable », leur distribuèrent pendant la nuit, malgré les conseils des officiers français, le rhum et l'eau-de-vie dont ils étaient restés détenteurs.

L'ivresse produisit alors chez les sauvages ses terribles effets. Frustrés, les uns dans leur espérance de pillage, les autres comme les Abénaquis dans leurs idées de vengeance contre des ennemis abhorrés, ils se répandirent dans les bois au moment du départ de la colonne anglaise avec son escorte et, se mêlant à elle à une demi-lieue du fort, commencèrent à piller les bagages. Ils se ruèrent ensuite sur les Anglais dont ils tuèrent une cinquantaine, pendant que les autres jetant leurs armes et même leurs habits, prenaient la fuite de tous côtés. Les quatre cents hommes d'escorte, au milieu de cette bagarre, s'étaient précipités au devant des Peaux Rouges pour les désarmer et leur arracher les victimes qu'ils entraînaient. Le chevalier de Lévis, les officiers français et canadiens, indignés, intervinrent au péril de leur vie pour mettre un terme à ce désordre; Montcalm, accouru aux cris des blessés et des fuyards se multiplia pour arrêter le tumulte : plusieurs soldats, exécutant ses ordres, furent blessés ou tués. Tous ces efforts aboutirent enfin et les sauvages se dispersèrent, emportant les dépouilles de leurs victimes et entraînant de nombreux prisonniers que Montcalm parvint à leur arracher à force de prières, de menaces et de promesses. Beaucoup étaient nus lorsqu'ils furent délivrés; nos soldats partagèrent avec eux leurs vêtements.

« Les Anglais, dit Lévis dans son journal, ne doivent s'en prendre qu'à eux-mêmes de l'infraction qui a été faite de la capitulation par les sauvages, puisqu'il leur ont donné de l'eau-de-vie malgré la recommandation qu'on leur avait faite de ne leur donner aucune boisson. Ils doivent être satisfaits de ce qu'ils ont vu que toutes les troupes françaises et les Canadiens, de même que les officiers supérieurs, ont exposé leur vie pour les tirer des mains et de la fureur des sauvages, et l'on comprendra avec peine comment deux mille trois cents hommes armés se sont laissé déshabiller par des sauvages qui n'étaient armés que de lances et de casse-têtes sans qu'ils aient fait seulement mine de se mettre en défense. Sans le secours qu'ils ont reçu des officiers français, ils auraient été tous tués. »

Montcalm, en même temps qu'il renvoyait sous bonne garde au fort Lydius tous les Anglais qu'il avait délivrés, écrivit à lord Loudoun, pour lui faire connaître les faits, la lettre suivante :

Le 14 août 1757.

« Mylord, la défense honorable du colonel Munro m'a déterminé à lui accorder et à sa garnison une capitulation honorable; elle n'aurait pas souffert la moindre altération si vos soldats n'avaient donné du rhum, si cette troupe avait voulu sortir avec plus d'ordre et ne pas prendre une terreur de nos sauvages qui a enhardi ces derniers, en un mot s'ils avaient voulu exécuter ce que je leur avais fait prescrire pour leur propre avantage. Vous savez ce que c'est de contenir trois mille sauvages de trente-trois nations différentes, et je n'en avais que trop de crainte que je n'avais pas laissé ignorer au commandant du fort dans ma sommation. Je m'estime heureux que le désordre n'ait pas eu de suites aussi fâcheuses que j'étais en droit de le craindre, et je me sais gré de m'être exposé personnellement ainsi que mes officiers pour la défense des vôtres qui rendent justice à tout ce que j'ai fait dans cette occasion. — J'ai retiré des sauvages plus de quatre cents prisonniers et le peu qui reste entre leurs mains sera rassemblé par M. le marquis de Vaudreuil à qui j'ai dépêché un courrier. »

Le gouvernement anglais annula la capitulation et refusa de rendre ses prisonniers en échange de ceux que Montcalm avait délivrés. Ce dernier fut odieusement accusé à Londres d'avoir fait volontairement massacrer des vaincus désarmés, et cette assertion mensongère, répandue dans l'Amérique anglaise, y entretint la haine des Français en même temps que l'effroi de leurs sanglantes incursions.

L'Angleterre n'avait pas besoin de prétextes pour manquer à la parole donnée ; elle avait déjà laissé inexécutée la convention signée par Washington après la reddition par ce dernier du fort où il s'était réfugié à la suite de l'assassinat de M. de Jumonville, car dans la même lettre à lord Loudoun, du 14 août 1757, Montcalm, s'en rapportant, sur le nombre des prisonniers à rendre, à la bonne foi de ce général, ajoutait :

« Je réclame nommément Laforce, Canadien, qui aurait dû être renvoyé par la capitulation du fort Nécessité. »

Les Anglais rendus sous escorte au fort Lydius, il fut procédé à l'enlèvement des munitions et des provisions restées dans le fort William-Henry, puis à sa démolition et à la destruction de tout le matériel qui ne pouvait être emporté. Lorsque les dernières compagnies de l'armée victorieuse se retirèrent, la citadelle n'était plus qu'un monceau de décombres ; les remparts détruits par la mine, les poutres carbonisées, les débris de canons éclatés ou démontés jonchaient confusément le sol, et des corbeaux affamés, flairant des cadavres, planaient seuls au-dessus de ce désert.

Les instructions rédigées par le gouverneur et remises au marquis de Montcalm portaient que s'il parvenait à réduire le fort William-Henry, « le fort Lydius en serait intimidé au point de n'opposer qu'une faible résistance » ; il n'aurait donc « rien de plus pressé que de s'y rendre avec son armée et d'en faire le siège, à moins qu'il n'y eût évidence de compromettre les forces de la colonie dans cette expédition. »

En tout cas, le général était invité « à renvoyer vers la fin du mois d'août les nations des pays d'en haut et la plus grande partie des Canadiens pour faire les récoltes ». (Collection de manuscrits relatifs à la Nouvelle-France.)

Mais les sauvages, le fort pris et les prisonniers arrachés de leurs mains par les officiers français, s'étaient dispersés sans attendre davantage, chacun regagnant sa bourgade avec les chevelures enlevées à l'ennemi; il ne restait à Montcalm que les troupes et les milices dont la présence était réclamée dans la colonie pour les travaux de la moisson. Le fort Lydius était à l'abri d'un coup de main ; ses remparts garnis d'une nombreuse artillerie exigeaient un siège en règle ; et une garnison de quatre mille hommes, renfermée dans la place, recevait chaque jour des renforts de l'intérieur. De vivres et de munitions, l'armée n'avait plus que celles trouvées au fort William-Henry, et leur transport à Carillon exigeait toutes les forces dont il était possible de disposer. Après en avoir délibéré, l'entreprise n'ayant aucune chance de succès dans les conditions où l'on se trouvait, Montcalm, à qui ses instructions recommandaient surtout « de prendre les plus justes mesures pour ne pas recevoir d'échec », y renonça pour cette année, et regagna le fort Carillon. Les derniers convois y parvenaient le 1er septembre et, la saison s'avançant, les troupes furent dirigées sur leurs cantonnements pour y passer l'hiver.

La détermination du général était d'autant plus justifiée que l'intendant lui écrivait dès le 16 août :

« Le parti que vous avez pris de ne point faire le siège du fort Lydius et de ne pas prendre la garnison prisonnière de guerre est des plus convenables à tous égards ; nous n'aurions pu la nourrir, et il aurait été fort à craindre que la récolte du gouvernement de Montréal eût été perdue si vous aviez gardé les habitants plus longtemps. Vous n'aviez pas assez de vivres à Carillon pour cette entreprise, je n'aurais pu faire subsister votre armée sur le lac Saint-Sacrement passé le mois d'août. »

La disette, on le voit, arrêtait ou entravait toutes les opérations ; on ne gardait pas de prisonniers parce qu'il était impossible de les nourrir, et l'ennemi, au mépris des capitulations, les faisait rentrer dans les rangs de ses armées ; on ne poursuivait pas les opérations de la campagne parce que l'intendant n'avait pas de vivres à fournir aux troupes et que les milices ne pouvaient rester dans les rangs à l'époque des récoltes. Les choses en étaient arrivées à ce point que « l'un des trophées les plus agréables de la nouvelle conquête fut trois mille barils de farine et de lard, qu'on apporta en triomphe à Carillon, et qui furent prisés dans toute la colonie à l'égal des plus glorieuses marques de la victoire ». (Garneau.)

Les résultats de la campagne de 1757 dans le nouveau monde étaient en définitive à l'avantage de la France ; l'armée anglaise, malgré son énorme supériorité numérique, était restée impuissante ; la démonstration sur Louisbourg du général Loudoun n'avait pas abouti par suite de l'arrivée dans ce port d'une flotte française ; les partis qui s'étaient aventurés dans la vallée de l'Ohio avaient été détruits ; la prise du fort William-Henry jetait un nouvel éclat sur nos armes, et les communications par les lacs avec la vallée du Mississipi et la Louisiane étaient maintenues. Mais l'effort accompli avait aggravé la situation si pénible de la colonie ; les récoltes endommagées par les pluies et des gelées précoces n'avaient pas donné les résultats qu'on espérait : il fallut encore réduire la population à un quart de livre de pain par jour, les soldats à une demi-livre, et remplacer la viande de bœuf par du cheval et de la morue salée.

Comme pour insulter à cette misère si vaillamment supportée, à ces souffrances de tout un peuple, les bals et les fêtes se succédaient chez l'intendant à Québec ; on y jouait un jeu à faire trembler les plus déterminés et Bigot, qui faisait les honneurs de la partie, y perdait 200.000 livres.

es échecs subis en Amérique et en Europe avaient produit en Angleterre une profonde émotion et l'opinion publique, vivement surexcitée, avait imposé l'entrée dans le ministère d'un homme entre les mains duquel tous les partis abdiquèrent, et qui, par son énergie, son obstination, allait incarner la nation anglaise dans sa lutte contre la France.

De scrupules, William Pitt n'en connaissait point ; il n'avait qu'un but, la grandeur de sa patrie poursuivie par tous les moyens, au mépris des droits de l'étranger et de l'humanité. « Il haïssait la France comme un Romain haïssait Carthage, et son avènement était le signal d'une guerre à mort. » (Henri Martin.)

Chargé des ministères de la Guerre et des Affaires étrangères, agissant en véritable dictateur et soutenu par toute la nation qui partageait ses passions et ses haines, il lui rendit bientôt par ses actes une confiance

en elle-même qu'elle avait perdue après les revers
éprouvés en Allemagne, la prise de Port-Mahon par le
duc de Richelieu et les succès de Montcalm au Canada.
L'organisation des milices remit des armes aux mains
du peuple qui en avait désappris l'usage; parmi les
montagnards écossais récemment révoltés, trois mille
furent enrôlés, organisés en régiments et envoyés à
la Nouvelle-Angleterre; on leva plus de cent mille hommes pour les services de mer et de terre; le parlement
accorda 200 millions de subsides. L'amiral Bing, qui
avait eu le tort de se laisser vaincre par M. de la Galis-
sonnière dans la Méditerranée et de ne pas sauver
Minorque, fut impitoyablement traduit devant un conseil de guerre, condamné à mort et fusillé; les états-
majors épurés virent disparaître les officiers de cour
et les nullités qui les encombraient; d'immenses préparatifs s'effectuèrent enfin pour enlever le Canada à
la domination française. Pitt, avec le génie de l'homme
d'État, considérait que la prise de cette colonie, en
débarrassant l'Amérique anglaise d'un dangereux voisinage, assurerait dans le nouveau monde, dont il entrevoyait l'avenir sans limite, la suprématie définitive
de l'Angleterre. Il régla en conséquence le plan des
opérations de la campagne de 1758, bien décidé à
écraser l'ennemi sous le poids de forces dix fois supérieures. Il s'inspira dans ce but des avis d'un homme
qui connaissait admirablement les contrées où la lutte
décisive allait s'engager; c'était Benjamin Franklin,
alors agent à Londres de plusieurs des colonies anglo-
américaines.

Mis en rapport avec le ministre et ses secrétaires,
Franklin ne cessa d'insister auprès d'eux sur la nécessité, sur l'urgence d'arracher à la France sa colonie;
il indiquait en même temps les voies et moyens pour y
réussir. Communications, brochures, il employa tous
les procédés pour faire triompher son opinion. Prendre

et garder le Canada, telle était son invariable conclusion qu'il finit par faire triompher. La guerre terminée, il insista avec la plus vive ardeur auprès du gouvernement anglais et de William Pitt en particulier pour que le territoire conquis ne fût pas rendu à la France ; sa conservation était, selon lui, nécessaire pour la sûreté de la Nouvelle-Angleterre qui ne pourrait plus ainsi, être envahie ou inquiétée de ce côté.

Ce fut le même homme qui, reçu plus tard en France avec un fol enthousiasme comme représentant des colonies anglaises révoltées, obtint le concours de nos armées en spécifiant que le gouvernement français, oubliant les soixante mille sujets qu'il avait abandonnés sur les bords du Saint-Laurent, s'abstiendrait de réclamer, comme prix de son alliance, la rétrocession du Canada cédé à l'ennemi !

Le plan d'attaque, mûrement élaboré, consista :

Dans le siège et la prise de Louisbourg, afin d'isoler complétement le Canada et de fermer aux secours qui pourraient être envoyés de France l'entrée du golfe Saint-Laurent ;

Dans une invasion simultanée de la colonie par une nombreuse armée réunie au fort Lydius, dont les forces écrasantes ne permettraient pas aux faibles détachements français d'arrêter la marche par le lac Champlain sur Montréal et Québec.

Ces deux attaques, savamment combinées, préparées avec tous les moyens dont pouvait disposer le cabinet anglais, furent conduites avec la même vigueur, sinon avec le même succès.

Vingt vaisseaux de ligne, dix-huit frégates, et quatorze mille hommes de troupes, sous le commandement du général Amherst, furent dirigés sur Louisbourg.

Les milices des colonies et les régiments envoyés d'Angleterre, formant une masse de cinquante mille hommes, destinés à opérer à la fois dans la vallée de l'Ohio et sur le lac Champlain, reçurent pour chef le général Abercromby, sur la vigueur et l'énergie duquel William Pitt comptait pour écraser enfin un adversaire à qui son infériorité numérique n'allait plus permettre une sérieuse résistance.

Quelle défense, en effet, pouvait opposer le Canada à ce formidable assaut? Une garnison de trois mille hommes, en y comprenant six cents miliciens et sauvages, défendait Louisbourg; cinq mille sept cent quatre-vingts hommes de troupes régulières, les sauvages et les miliciens de quinze ans à soixante ans, au total quatorze à quinze mille hommes, gardaient sur le continent les divers postes épars sur des centaines de lieues, depuis l'embouchure du Saint-Laurent et les frontières d'Acadie jusqu'aux pays d'en haut.

La population était réduite à deux onces de pain par jour et les arrivages de France étaient attendus avec une impatience fébrile. « L'article des vivres me fait frémir, disait Montcalm dans une de ses lettres. Il nous est arrivé dans la rade de Québec une frégate, une prise anglaise que la frégate a faite chemin faisant, et dix navires chargés, partis de Bordeaux, portant des vivres arrivés au dernier moment, le peuple commençant à brouter et la substance du soldat réduite à demi-livre de pain encore pour un mois. »

Le 18 avril 1758, au moment où les préparatifs de la nouvelle campagne allaient commencer, le général, convaincu que la supériorité des forces ennemies ne lui permettrait plus de prendre l'offensive, écrivait à sa mère :

« Nous ne pouvons douter que les Anglais, qui ont reçu du renfort en automne, n'aient dans l'Amérique septentrionale, avec leurs montagnards d'Écosse, vingt-trois bataillons de troupes de la vieille Angleterre bien complets. Quand même nous ne ferions qu'une défensive, pourvu qu'elle arrête l'ennemi, elle ne sera

pas sans mérite. Imaginez que je ne puis être en campagne avec des forces médiocres avant six semaines,
et toujours obligé de licencier moitié de mon armée
pour la récolte. Pour cette année-ci je croirai faire
beaucoup de parer à tout; ainsi n'attendez rien de
brillant; je veux être Fabius plus qu'Annibal, et c'est
nécessaire. »

Enfin, le 10 avril, il disait au ministre :

« Nous sommes toujours dans la même position,
grande disette de vivres, beaucoup de misère dans le
peuple, de patience et de bonne volonté de la part du
soldat qui est toujours réduit à vivre de cheval et à
n'avoir qu'une demi-livre de pain, grande impatience
de recevoir les secours en vivres que nous attendons
de France. »

Dans une telle situation, l'offensive était impossible.
Il fallait se préparer à recevoir le choc de l'ennemi et
à résister de son mieux. C'est ce que le général faisait
connaître le 16 juin au ministre, en ajoutant :

« Nous combattrons, nous nous ensèvelirons s'il le
faut sous les ruines de la colonie. »

Pendant que le général Abercromby se hâtait de
réunir ses troupes et les milices au fort Lydius, la
flotte anglaise, sous les ordres de l'amiral Boscaven,
arrivait le 2 juin devant Louisbourg.

Les fortifications de la place, malgré tout ce qu'a-
vait pu faire le gouverneur, M. de Drucourt, étaient
en mauvais état et tombaient en ruines. Les revête-
ments des courtines étaient en partie écroulés, et il
fallait enlever les décombres des maçonneries gisant
au pied des remparts dont ils rendaient l'accès facile
pour l'escalade. « Rien dans ce pays, dit un témoin du
siège, ne tient contre la rigueur des saisons. La terre
de Louisbourg, quand elle est sèche, n'a pas plus de
consistance que la tourbe et la cendre. L'air de la mer,
joint aux pluies et aux neiges, détruit toute maçonne-

rie si elle n'est pas revêtue de madriers. Il y avait autant à craindre du détonnement de notre canon que de celui de l'ennemi, et cette raison a souvent empêché d'en tirer. » (Rapport de M. de la Haulière, 6 août 1758. Dépôt de la Guerre.)

Le chevalier de Drucourt, convaincu qu'il valait mieux essayer de s'opposer au débarquement de l'ennemi, que de l'attendre derrière des murailles délabrées, disposa la plus grande partie de ses troupes le long de la côte; il établit en outre aux points les plus accessibles des batteries que protégeaient des abattis d'arbres. Pendant six jours, il réussit à repousser toutes les tentatives des Anglais qui perdirent, dans ces divers engagements, plus de 500 hommes; mais une centaine de tirailleurs, conduits par le général Wolfe, ayant escaladé un rocher couvert d'épais buissons, parvinrent à s'y maintenir, grâce à l'appui des canons des vaisseaux, et permirent à d'autres troupes de mettre pied à terre. La garnison française, pour éviter d'être tournée, se vit dès lors contrainte de rentrer dans la place, après en avoir brûlé les faubourgs afin d'empêcher les assiégeants de s'y retrancher.

Les travaux du siège, qui furent conduits avec vigueur, commencèrent aussitôt. Dès que l'artillerie eût été débarquée, deux batteries installées sur des hauteurs dominant la rade commencèrent le 19 juin à tirer sur les navires et sur la ville. Les pièces qui défendaient l'entrée du port, couvertes de boulets et de bombes par la flotte anglaise, et celles des tranchées ayant été successivement démontées, M. de Drucourt, afin de s'opposer à l'entrée de l'ennemi dans le port, fit couler dans la passe, le 29 juin, deux frégates et quatre bâtiments marchands. Mais les travaux d'approche des assiégeants, favorisés par une brume épaisse, leur permirent d'établir de nouvelles batteries et d'augmenter la puissance de leur tir. Le 21 juillet, une bombe

tombée sur un des vaisseaux restés à flot y mit le feu
et le fit sauter. Deux autres, atteints par les flammes
qu'il vomissait furent également détruits. Les deux derniers parvinrent à grande peine à échapper au désastre en passant entre les navires embrasés et les batteries anglaises dont le tir redoublait pour augmenter
l'incendie. « Il y eut beaucoup de monde tué en y portant du secours ; cela fit un triste et affreux spectacle. »
(De la Haulière.)

M. de Drucourt résistait de toutes ses forces aux attaques des assiégeants. Il savait que l'armée qui atta-
quait Louisbourg devait, après la prise de la ville,
aller se joindre aux troupes du général Abercromby
pour envahir le Canada, et chaque jour de retard enlevait une chance à l'ennemi d'opérer sa jonction en
temps utile. La femme du gouverneur lui apporta dans
cette lutte acharnée le plus précieux concours. Pour
encourager les troupes, elle allait chaque jour dans les
batteries les plus exposées mettre le feu à plusieurs
pièces de canon ; elle visitait les blessés, les pansait
et relevait par de douces paroles leur courage abattu.
Son mépris du danger et son admirable conduite contribuèrent efficacement à soutenir le moral des troupes
et à prolonger la résistance jusqu'à la plus extrême limite. Mais les murailles croulaient de toutes parts
sous le feu des assiégeants ; plusieurs brèches qu'il
était impossible de réparer rendaient facile un assaut
meurtrier ; les casernes étaient incendiées ; des deux
derniers navires restés à flot, l'un avait été enlevé par
un coup de main de l'ennemi, l'autre brûlé ; la garnison avait perdu par le feu des assiégeants et les maladies plus de quinze cents hommes, ceux qui survivaient
étaient excédés de fatigue et incapables de résister à
une nouvelle attaque ; il ne restait de la ville qu'un
monceau de ruines, les remparts étaient renversés et
tous les canons, sauf douze pièces, démontés. La place

avait pendant deux mois tenu l'ennemi en échec.

Le 26 juillet, le gouverneur réunit son conseil; l'avis unanime fut qu'une plus longue résistance était impossible et que le moment de capituler était arrivé. Amherst, renseigné par des déserteurs sur la situation désespérée des assiégés et ayant déjà fait ses dispositions pour une attaque générale par terre et par mer exigea que la garnison se rendît prisonnière de guerre.

Pour éviter un assaut qu'il aurait été hors d'état de repousser et préserver les habitants du meurtre et du pillage, M. de Drucourt finit par accepter cette dure condition. « Je n'aurais pas hésité un instant, dit-il dans son mémoire sur le siège, à sacrifier le reste de la garnison ainsi que le peuple qui était dans la ville si j'avais aperçu le plus léger avantage pour le bien du service du roi. »

La capitulation fut signée le 26 juillet et la place rendue le même jour. « Les soldats anglais n'y entrèrent pas seulement par la brèche, mais par dix endroits différents, auxquels les officiers supérieurs furent obligés de faire mettre des sentinelles pour empêcher le pillage et la licence. Au moment de la reddition, l'ennemi avait en batterie quarante-deux mortiers et soixante-cinq pièces de trente-six et de vingt-quatre, outre l'artillerie de vingt-quatre vaisseaux de ligne et dix-huit frégates. » (De la Haulière.)

La garnison, les matelots et les troupes de marine restèrent prisonniers de guerre. Les habitants furent transportés en France.

Les efforts désespérés du chevalier de Drucourt et des officiers sous ses ordres pour tenir dans une place à demi démantelée avaient immobilisé pendant de longues semaines la flotte anglaise et une armée entière devant les murs croulants de Louisbourg. Leur résistance prolongée avait empêché le général Amherst, retenu devant cette place, de s'embarquer avec ses troupes et de se porter sur Québec, dont l'attaque aurait perdu le Canada en obligeant Montcalm à diviser ses forces pour faire face aux envahisseurs.

Pendant que la première armée assiégeait Louisbourg, le corps d'invasion, fort de vingt-cinq mille hommes, se réunissait, sous les ordres du général Abercromby, au fort Lydius. Neuf cents bateaux, cent trente-cinq grandes chaloupes devaient servir au transport des troupes sur les lacs Saint-Sacrement et Champlain; l'artillerie et le matériel, les vivres et les munitions étaient chargés sur de nombreux radeaux; on n'attendait plus que le signal du départ. Soldats réguliers, bataillons écossais, miliciens, tous étaient prêts à marcher à la voix de leurs pasteurs contre les Canadiens papistes et « à renouveler les jours où Moïse, les foudres de Dieu à la main, envoyait Josué contre les Amalécites ».

La confiance dans le succès était générale, et les forces considérables réunies pour accabler l'ennemi donnaient lieu de croire à tous que la résistance serait insignifiante. Les éléments eux-mêmes contribuaient à entretenir l'enthousiasme.

Au moment où l'armée s'embarquait sur le lac Saint-Sacrement, le ciel était pur et le temps superbe, dit un des membres de l'expédition; « la flotte avançait au son d'une musique guerrière. Les drapeaux flottaient étincelants aux rayons du soleil et l'espoir du triomphe brillait dans tous les yeux. Le ciel, la terre et tout ce qui nous environnait présentaient un spectacle enchanteur. Le soleil, depuis qu'il a commencé son cours dans les cieux, a rarement éclairé tant de beauté et de magnificence. » (Dwight.)

Cet enchantement allait bientôt faire place à l'effroi et aux tristesses de la déroute.

Pendant que le chevalier de Lévis, à la tête de quelques centaines d'hommes, devait tenter une diversion au sud du lac Ontario, Montcalm partait le 24 juin de Montréal pour le fort de Carillon autour duquel trois mille hommes étaient réunis le 30. Informé par ses éclaireurs des mouvements et de la concentration de l'ennemi sur les bords du lac Saint-Sacrement, à l'emplacement même du fort William-Henry détruit l'année précédente, il envoya l'ordre à M. de Lévis de le rejoindre à marches forcées et fit presser les secours que le gouverneur devait lui expédier. Six cents hommes purent ainsi atteindre Carillon avant que la bataille fût engagée.

Le fort de Carillon, destiné à arrêter les tentatives d'invasion partant des forts Lydius et William-Henry, était situé sur un plateau accidenté, commandant la rivière de la Chute, par laquelle les eaux du lac Saint-Sacrement, après avoir franchi plusieurs rapides, viennent se déverser dans le lac Champlain. Ses murailles étaient faites de troncs d'arbres équarris, liés avec des traverses et soutenus par des épaulements en terre. Il pouvait contenir une garnison de trois cents hommes. Sauf du côté du lac, la place était environnée de bois à la lisière desquels s'élevait, à demi-portée de canon, une hauteur dominant la forêt. Montcalm, après avoir reconnu le terrain, fit entourer cette hauteur d'un retranchement solide. Il ordonna en même temps d'abattre tous les arbres aux alentours et leurs branches, renversées et aiguisées, s'entassèrent les unes sur les autres pour former, du fort à la hauteur, un rempart improvisé derrière lequel la garnison couvrait de ses feux le sol dénudé en avant des abattis.

Pour permettre aux travailleurs d'achever ces retranchements, Montcalm se porta en avant et poussa une forte reconnaissance jusqu'au lac Saint-Sacrement, déployant ses troupes comme s'il allait prendre l'offensive. Son adversaire, le général Abercromby, trompé par cette démonstration, retarda son mouvement en

avant jusqu'à ce qu'il eut concentré toute son armée
et reconnu qu'il ne s'agissait que d'une fausse attaque.
Le 6 juillet, après quatre jours d'hésitation, il s'engagea sur le lac Saint-Sacrement et chassa devant lui les
éclaireurs français qui se retirèrent le long de la rivière de la Chute dans la direction de Carillon en profitant de tous les obstacles pour faire le coup de feu et
entraver la marche de l'ennemi.

La retraite se serait accomplie sans pertes, si un détachement de trois cents hommes ne s'était égaré dans
la forêt et, revenant inconsciemment sur ses pas, n'avait
débouché au milieu des colonnes anglaises qui l'attaquèrent de tous côtés et, malgré sa résistance acharnée, finirent par le disperser. La moitié des soldats
qui le composaient furent pris ou tués; les autres parvinrent à se faire jour et à rejoindre à travers bois les
avant-postes. Du côté des Anglais, les pertes furent
aussi sensibles; une des premières balles échangées
tua lord Howe, brigadier général, le second d'Abercromby et l'âme de l'expédition.

La lenteur avec laquelle s'avançait l'armée anglaise redoubla l'ardeur de Montcalm. En lui permettant d'achever ses préparatifs de défense, elle lui donnait la certitude d'arrêter l'ennemi dans sa marche et
la chance de lui infliger peut-être une sanglante
défaite. Il écrivit alors au gouverneur : « J'espère beaucoup de la volonté et de la valeur des troupes françaises. Je vois que ces gens-là marchent avec précaution et tâtonnent; s'ils me donnent le temps de gagner
les hauteurs de Carillon, je les battrai. »

Le 7 juillet, au lever du jour, le général, parcourant
le terrain où la lutte allait s'engager, désignait à chaque
bataillon l'endroit qu'il devait achever de retrancher et
défendre ensuite. Toutes les troupes s'y employèrent
« avec une ardeur incroyable »; les officiers, encoura-
geant les soldats par leur exemple, travaillèrent eux-

mêmes, et dès le soir on fut en état de recevoir les Anglais, dont les postes avancés campèrent à trois quarts de lieue des retranchements.

Le 8, à 3 heures du matin, quatre cents hommes sous les ordres du chevalier de Lévis arrivaient au camp après avoir marché jour et nuit et occupaient, aux acclamations enthousiastes de l'armée, leur place de combat.

A l'aube, les abattis achevés, Montcalm prit le commandement du centre avec le Royal-Roussillon déployant son drapeau rouge et bleu, les quatre cents hommes amenés par Lévis et le bataillon de Berry; le chevalier de Lévis eut sous ses ordres la droite de l'armée composée des bataillons de Guyenne et de Béarn, les troupes de marine et les milices canadiennes, rivalisant d'ardeur et d'entrain avec les vieilles troupes de France; la gauche, appuyée à la rivière et commandée par M. de Bourlamaque comprenait les bataillons de la Sarre et de Languedoc. « Un soleil de Naples » brillait au-dessus des deux armées et embrasait l'air de ses rayons. « Mes enfants, dit Montcalm, aux troupes qui l'entouraient frémissantes, la journée sera chaude! »

A midi et demi, les gardes avancées, tout en échangeant des coups de feu avec les éclaireurs anglais, se replièrent sur les retranchements. « Je vous amène les ennemis », dit le capitaine Duprat qui commandait ces braves; et, comme on lui criait d'escalader les abattis ; « Non, répondit-il, à Dieu ne plaise que je leur donne l'exemple! » Et sous une grêle de balles il fit le tour des fortifications et rentra par les barrières dans l'intérieur des lignes. (Bougainville.)

L'attaque commença par un feu des plus vifs, exécuté aux sons des fifres et des cornemuses. Les Anglais s'avancèrent vers les abattis sur quatre grosses colonnes débouchant des bois dans la clairière avec des tirailleurs dans leurs intervalles. Les deux premières colonnes marchèrent sur la gauche des Français, la troisième sur le centre, et la dernière, en grande partie composée de montagnards écossais, contre la droite.

D'après l'ordre de Montcalm, les Français, disposés sur trois rangs le long des retranchements, laissèrent froidement tirer sans riposter et s'avancer jusqu'à quarante-cinq pas les masses ennemies qu'une effroyable fusillade couvrit alors de balles. Morts et blessés jonchèrent le sol pendant que les rangs éclaircis se reformaient aux cris des chefs pour s'élancer de nouveau et venir se briser au pied des abattis.

A la droite, le chevalier de Lévis, voyant l'ennemi s'acharner contre ses retranchements et gagner du terrain, ordonna aux Canadiens de faire une sortie et de prendre, par les bois, les assaillants à revers. Dispersés en tirailleurs, ils couvrirent de feux meurtriers la colonne anglaise qui, pour les éviter, se rejeta sur le centre et dût s'arrêter dans sa marche. Cette habile manœuvre répétée pendant le cours des assauts chaque fois que les attaques se renouvelaient de ce côté brisa tout l'élan des agresseurs et leur infligea des pertes énormes. Des soldats écossais plus de neuf cents restèrent sur le terrain avec vingt-cinq officiers tués ou grièvement blessés.

A la gauche, le feu fut si vif que la colonne d'assaut ne put déboucher que par pelotons qui s'approchèrent jusqu'à vingt pas des retranchements, mais qui, accablés par le tir des Français, furent toujours dispersés et détruits. (Lévis.)

Pendant ces attaques, une trentaine d'embarcations traînées à bras jusqu'au pied du portage, s'approchèrent de la rive pour menacer la gauche de l'armée. Du fort de Carillon, les canonniers leur envoyèrent plusieurs boulets qui en coulèrent deux; quelques coups de fusils tirés du rivage achevèrent de les mettre en fuite.

Repoussés une première fois et ralliés hors de portée, les Anglais reformèrent leurs colonnes et « avec une vivacité digne des meilleures troupes », marchèrent de nouveau sur les retranchements sous le feu le plus soutenu; mais ils durent se replier encore en désordre, laissant le terrain couvert de leurs morts.

Six fois, le général Abercromby, avec un acharnement infatigable, réunit ses régiments en masses et les lança contre les lignes que les Français défendaient avec une égale opiniâtreté; six fois ils vinrent jusqu'aux abattis pour reculer toujours devant les feux terribles qui les décimaient et les sorties à la bayonnette au milieu des amas de branches enflammées par le canon et la fusillade.

Vers 6 heures du soir, épuisés de fatigue et découragés, les Anglais se replièrent sur les bois. Quelque temps encore, pour cacher leur retraite, des coups de feu continuèrent sur la lisière de la forêt, puis ils cessèrent avec la nuit.

Abercromby, dont les vingt mille hommes n'avaient pu entamer les lignes de Montcalm, en avait perdu pendant cette bataille quatre mille tués ou blessés. La lassitude extrême des vainqueurs ne permit pas de le poursuivre.

Dans la crainte d'un retour offensif, toute la nuit fut employée à réparer et à compléter les retranchements; mais des éclaireurs firent bientôt savoir que les Anglais, pris de panique, s'enfuyaient en désordre par le lac Saint-Sacrement. Le chevalier de Lévis, envoyé le 10 à la découverte, trouva sur le chemin suivi par les vaincus de nombreux blessés qu'il fit transporter à Carillon, des armes, des outils, des bagages, du matériel abandonné, et des barils de poudre jetés à l'eau qu'il prit le soin de faire repêcher.

« L'armée, et trop petite armée du roi, — écrivait Montcalm le soir même de la victoire au commissaire des guerres Doreil, — vient de battre ses ennemis : Quelle journée pour la France ! Si j'avais eu deux cents sauvages pour servir de tête à un détachement de mille hommes d'élite dont j'aurais confié le commandement au chevalier de Lévis, il n'en serait pas échappé beaucoup dans leur fuite... Ah ! quelles troupes, mon cher Doreil, que les nôtres ! Je n'en ai jamais vu de pareilles. »

Le lendemain il informait en ces termes le marquis de Vaudreuil du succès remporté : « L'armée a résisté avec un courage héroïque à toutes les attaques. Il y a eu dans tous les points également du danger, et pendant fort longtemps ; heureusement aucune troupe ne s'est démentie. MM. les officiers y ont fait des choses surprenantes, des prodiges de valeur, et leur exemple a fait faire des choses incroyables au moindre soldat. Les troupes de la colonie et les Canadiens nous ont fait regretter de ne pas en avoir un plus grand nombre... Tous les commandants des corps, et généralement tous les officiers, se sont comportés de façon que je n'ai eu que le mérite de me trouver général de troupes aussi valeureuses et d'avoir attention de les faire secourir successivement suivant que les parties de notre abattis étaient plus ou moins vivement attaquées. »

Ce que ne disait pas Montcalm, c'est que pendant toute l'action il avait, en se portant sur les divers points menacés, donné l'exemple du courage le plus héroïque et de la plus entraînante ardeur. Aussi sa petite armée, enflammée par ses paroles et ses actes, se battit-elle avec une admirable intrépidité aux cris enthousiastes de : « Vive le général ! »

Si les pertes des Anglais étaient considérables, elles atteignaient le quart de leur effectif, celles des Français étaient sensibles et ce n'était pas sans voir tomber un trop grand nombre des leurs qu'ils avaient résisté aux charges désespérées des colonnes d'Abercromby, trois cent soixante-dix-sept hommes et trentehuit officiers avaient été tués ou blessés dans cette glorieuse journée; M. de Bourlamaque, qui avait déployé dans son commandement le plus beau sang-froid et une intrépidité à toute épreuve, était blessé dangereusement à l'épaule; le chevalier de Lévis avait reçu plusieurs balles dans ses vêtements; Bougainville était blessé.

Montcalm signala le 12 juillet la brillante conduite de ses lieutenants et de tous les officiers français et canadiens; il demanda pour eux au ministre les récompenses qu'ils méritaient. « Si jamais, lui disait-il, il y a eu un corps de troupes digne de grâces, c'est celui que j'ai l'honneur de commander. Je vous supplie, Monseigneur, de l'en combler. »

Quant à lui, heureux de son succès, mais attristé par ses dissentiments avec le gouverneur et l'impuissance où il se trouvait de remédier aux maux dont souffrait la colonie, il ajoutait en terminant : « Pour moi, je ne vous en demande d'autre que de me faire accorder par le roi mon retour : ma santé s'use, ma bourse s'épuise. Je devrai 10.000 écus au trésorier de la colonie, et plus que tout encore l'impossibilité où je suis de faire le bien et d'empêcher le mal me détermine à supplier avec instance Sa Majesté de m'accorder cette grâce, la seule que j'ambitionne; jusqu'alors je donnerai volontiers le dernier souffle de ma vie pour son service. »

Montcalm, en écrivant ces lignes, avait-il le pressentiment du sort qui lui était réservé?

En attendant la réponse du ministre, il fallait continuer à se défendre et à tenir les Anglais en échec. Les reconnaissances, effectuées par de hardis volontaires, canadiens et quelques sauvages arrivés au camp après la bataille, firent connaître que les adversaires se retranchaient au fort Lydius, et qu'un gros corps de troupes s'était mis en route sous les ordres du colonel Bradstreet, des milices américaines, dans la direction de l'Ouest. Montcalm, que ce renseignement remplit d'inquiétude, le transmit sans délai à Montréal.

Le général Abercromby, informé que le chevalier de Lévis, qui devait au début des opérations se porter sur le lac Ontario, avait été rappelé au secours de Montcalm et que le fort Frontenac ne renfermait qu'une faible garnison, avait, en effet, songé à s'emparer de ce poste important. Bradstreet détaché avec trois mille hommes et onze canons devait, en hâtant sa marche, le surprendre et l'enlever avant qu'il pût être secouru.

Après avoir descendu la rivière des Onnontagués et traversé sans obstacle le lac Ontario, il arrivait le 25 août en vue de la place qui n'était gardée que par soixante-dix hommes sous les ordres de M. de Noyan, vieil officier des troupes de la colonie.

Le gouverneur avait commis la faute impardonnable de laisser presque sans défense ce fort de Frontenac, qui était notre principal entrepôt de vivres et de munitions pour les postes des pays d'en haut, de marchandises pour la traite avec les sauvages, et qui servait de port d'attache à la flottille destinée à nous assurer la domination sur les grands lacs. Il y avait quatre-vingts pièces de canon dans la place ; une partie des approvisionnements des bateaux et de l'artillerie y avait été amenée lors de la prise du fort de Chouaguen. L'abandon dans lequel ce point était laissé allait avoir pour le Canada des conséquences désastreuses.

M. de Noyan, malgré le petit nombre de soldats dont il disposait, opposa aux Anglais la plus vive défense et supporta pendant deux jours le feu de l'artillerie, qui détruisit les bâtiments intérieurs et démantela l'enceinte de pieux. Le 27 août, la brèche ouverte et l'assaut imminent, il se rendit.

« Les ennemis, écrivit Montcalm au ministre, se sont emparés du fort Frontenac qui, à la vérité, ne valait rien ; mais ce qu'il y a de plus fâcheux, ils ont pris beaucoup de vivres, beaucoup de marchandises, quatre-vingts canons grands et petits, et détruit la marine, qui était due à ma prise de Chouaguen, en brûlant cinq de nos bâtiments et en emmenant deux ; cette marine nous assurait la supériorité sur le lac Ontario que nous perdons en ce moment. »

Revenant alors sur la détermination qu'il avait prise de rentrer en France, le général achevait sa lettre en ces termes :

« J'avais demandé mon rappel après la journée glorieuse du 8 juillet, mais puisque les affaires de la colonie vont mal, c'est à moi de tâcher de les réparer ou d'en retarder la perte le plus qu'il me sera possible. »

Sa destinée devait s'accomplir.

Après avoir chargé sur ses embarcations tout ce qu'il put emporter et renvoyé la garnison sur parole, Bradstreet détruisit le fort de fond en comble et se retira au sud du lac Ontario, où il rétablit le fort Bull.

Un détachement de quinze cents miliciens et de sauvages envoyé de Montréal par le gouverneur à la réception de l'avis de Montcalm laissant pressentir cette attaque sur Frontenac, apprit à moitié route la reddition de la place, et dut revenir sur ses pas après avoir renforcé la garnison du fort Niagara qui ne se composait également que de quelques hommes, et qui aurait pu être enlevée avec la même facilité.

Cet échec ne fut pas le seul que le manque de forces devait nous infliger. L'énorme supériorité numérique de l'ennemi, malgré les pertes qu'il subissait et une défaite humiliante comme celle de Carillon, lui permettait d'attaquer en force nos possessions sur tous les points.

Pendant qu'Abercromby opérait vers le lac Champlain, il avait chargé le général Forbes de descendre dans la vallée de l'Ohio et de marcher sur le fort Duquesne. Six mille cinq cents hommes de troupes régulières et de milices de la Virginie, que commandait le colonel Washington, prirent part à cette expédition. Le souvenir de la défaite de Braddock fit choisir aux Anglais une nouvelle route pour traverser les montagnes et les forêts; aussi la marche de cette armée fut-elle des plus lentes; au mois de septembre elle était encore à quinze lieues du fort Duquesne : Forbes fit halte en cet endroit, et le major Grant, avec un détachement d'un millier d'hommes, reçut l'ordre d'aller reconnaître le terrain. Cet officier, s'avançant rapidement au milieu des bois, parvint à un quart de lieue de la place sans avoir donné l'éveil, et se cacha dans les fourrés. Son intention était d'attaquer pendant la nuit les sauvages campés autour de l'enceinte, mais le commandant du fort, M. de Ligneris, fut bientôt avisé de son approche par ses éclaireurs. Il réunit aussitôt huit cents hommes, qui se jetèrent sur l'ennemi, le chassèrent à travers bois, en tuèrent ou blessèrent plus de trois cents et en prirent une centaine parmi lesquels vingt officiers et le major Grant lui-même.

Les fuyards, épouvantés par cette ardente poursuite, rejoignirent le général Forbes. Celui-ci, redoutant le sort de l'infortuné Braddock, mis en déroute dans les mêmes parages, n'osa pas s'avancer davantage, et réunit un conseil de guerre dont l'avis fut qu'il était impossible de continuer la campagne, car les Français étaient sur leurs gardes et les neiges commençaient à couvrir le sol.

Malheureusement la destruction du fort Frontenac et des approvisionnements qu'il contenait ne permit pas de faire passer au fort Duquesne les choses les plus nécessaires, et le défaut de subsistances obligea le commandant, M. de Ligneris, à renvoyer dans la colonie un grand nombre de Canadiens et presque tous les sauvages. Le 18 octobre, il écrivit au gouverneur pour l'informer de la situation désespérée dans laquelle il se trouvait.

« Le fort Duquesne, lui disait-il, est encore au roi, mais je ne sais si nous le conserverons longtemps. Je n'ai bientôt plus de vivres, et les marchandises me manquent. Il en faut pourtant pour que les sauvages de la Belle Rivière continuent d'être pour nous, comme ils paraissent actuellement. Je n'ai plus rien à leur donner, ni même de quoi habiller la garnison si, comme je l'espère, nous passons ici l'hiver... Je suis dans la plus triste situation qu'on puisse imaginer, mais je me tirerai d'embarras le mieux qu'il me sera possible. »

Ce que craignait cet officier allait bientôt se réaliser.

Le général Forbes, informé par des déserteurs que les sauvages auxiliaires avaient été renvoyés et que la garnison du fort Duquesne était réduite à deux cents hommes sans vivres pour soutenir un siège, laissa dans son camp ses bagages et marcha sur le fort avec toutes ses troupes. M. de Ligneris, averti de son approche et ne pouvant compter sur aucun secours, fit placer ses canons et ses malades sur des bateaux qu'il envoya aux Illinois, brûla les bâtiments en bois servant d'habitation et de magasins, détruisit les retranchements et se retira au fort Machault, élevé à l'embouchure de la rivière aux Bœufs. Il ne laissait aux ennemis qu'un monceau de ruines.

Les communications avec la Louisiane étaient interceptées ; les pays d'en haut isolés de la colonie ; Louisbourg était détruit, et la flotte anglaise, maîtresse des mers, bloquait l'entrée du Saint-Laurent. Ainsi que le disait l'hiver précédent le chevalier de Lévis aux soldats qui se plaignaient de voir leur ration diminuée et qui répugnaient à manger du cheval, le Canada était en réalité une place assiégée privée de tout secours.

Aussi Montcalm écrivait-il dès le 1er septembre au ministre :

« Monseigneur, la situation de la Nouvelle-France est des plus critiques si la paix ne vient pas au secours. Les Anglais réunissent avec les troupes de leurs colonies mieux de cinquante mille hommes ; nonobstant l'entreprise de Louisbourg, ils en ont eu trente mille qui ont agi cette campagne vis-à-vis le Canada. Qu'opposer à cela ? Huit bataillons qui font trois mille deux cents hommes ; le reste, troupes de la colonie, dont mille deux cents seulement en campagne, le surplus à Québec, Montréal, la Belle Rivière, pays d'en haut ; puis les Canadiens, il n'y en a eu cette année en campagne qu'environ mille deux cents. J'appelle en campagne ceux qui l'ont faite entière. On a prêté deux mille quatre cents Canadiens, depuis le 13 juillet qu'on n'en avait plus besoin, jusqu'au 12 août qu'on les a demandés pour la récolte. Pourrait-on en tirer meilleur parti ? Je le crois ; cependant on n'en pourra jamais tenir pendant cinq mois au delà de trois mille sans ruiner le pays. Les sauvages sont bons pour les courses ; il ne faut pas compter sur eux pour le fond d'une armée. Avec si peu de forces, comment garder sans miracle depuis l'Ohio jusqu'au lac Saint-Sacrement, et s'occuper de la descente à Québec, chose possible ? Qui écrira le contraire de ce que j'avance trompera le roi. Quelque peu agréable que cela soit, je dois le dire comme citoyen. Ce n'est pas découragement de ma part ni de celle des troupes, résolus de nous ensevelir sous les ruines de la colonie; mais les Anglais mettent sur pied trop de forces dans ce continent pour croire que les nôtres y résistent et attendre une continuation de miracles qui sauve la colonie de trois attaques. » (Dépôt de la Guerre, 1 vol. 3.498.)

Doreil écrivait de son côté : « Que la paix se fasse cet hiver, sans quoi le Canada est perdu sans ressource. Outre l'extérieur, son intérieur est une machine mal montée, qui est toujours prête à crouler. Il n'y a plus guère à espérer ; malgré tous les soins et les talents de M. de Montcalm, je ne serais pas surpris si l'ennemi était maître de la colonie avant l'arrivée des premiers secours du printemps. »

Lévis disait également :

« Notre position devient tous les jours plus critique et la besogne beaucoup plus difficile..... Après la prise de Louisbourg les ennemis seront beaucoup plus à portée d'intercepter les secours destinés pour cette colonie, dont nous avons les plus grands besoins pour la campagne prochaine, quelque économie que nous fassions sur nos vivres pendant l'hiver..... La paix est bien à désirer pour ce pays. »

Le marquis de Vaudreuil exprimait le même avis dans une lettre du 2 septembre au ministre : « La paix me paraît d'une nécessité absolue pour cette colonie... Si la guerre continue l'année prochaine, il faudra que Sa Majesté nous envoie de puissants secours en vivres, hommes et vaisseaux pour pouvoir balancer les forces des ennemis. »

« La situation, — disait-il encore le 6 septembre, — devient chaque jour plus triste et plus critique..... Je dois m'attendre à être attaqué de tous côtés. »

Enfin pour éclairer la Cour et exposer la détresse extrême de la colonie ainsi que le sort dont elle était menacée, M. de Vaudreuil, d'accord avec Montcalm, envoya en France l'aide de camp Bougainville. Celui-ci fut bien accueilli à Versailles ; le roi nomma le vainqueur de Carillon lieutenant général et commandeur de l'ordre de Saint-Louis ; Lévis maréchal de camp, de Bourlamaque brigadier ; M. de Vaudreuil grand croix de Saint-Louis, Bougainville colonel et chevalier de Saint-Louis ; toutes les récompenses demandées par le général pour ses officiers furent accordées ; on chanta un *Te Deum* à Paris en l'honneur de la « victoire de M. de Montcalm en Amérique » et on inséra le rapport du gouverneur sur cette glorieuse bataille dans la *Gazette de France*.

Mais le ministère après avoir examiné toutes les ressources disponibles, fait le recensement des arsenaux, des ports et des magasins, reconnut qu'il ne pouvait envoyer à la Nouvelle-France que trois cent vingt-six recrues et le tiers des vivres si ardemment réclamées. Les campagnes en Allemagne, où l'on n'éprouvait que des défaites, absorbaient toutes les forces de la mère patrie. Comme Bougainville insistait auprès du ministre de la Marine Berryer, créature inconnue de Madame de Pompadour, ce dernier lui répondit : « Monsieur, quand le feu est à la maison, on ne s'occupe pas de l'écurie ! »

L'aide de camp, homme d'esprit, répliqua vivement : « On ne dira pas du moins, Monsieur, que vous parlez comme un cheval ! »

Bougainville pouvait retourner auprès de son chef ; il savait qu'il n'y avait rien à attendre de la Cour et que le Canada était sacrifié.

IV

Par les navires partis de Québec l'automne précédent, Montcalm avait instamment réclamé des secours, Le 19 février 1759, le ministre de la Guerre, le vieux maréchal de Belle-Isle, lui répondit qu'il ne devait pas compter recevoir de troupes de renforts. « Outre qu'elles augmenteraient, lui disait-il, la disette des vivres que vous n'avez que trop éprouvée jusqu'à présent, il serait fort à craindre qu'elles ne fussent interceptées par les Anglais dans le passage ; et comme le roi ne pourrait jamais vous envoyer de secours proportionnés aux forces que les Anglais sont en état de vous opposer, les efforts que l'on ferait ici pour vous en procurer n'auraient d'autre effet que d'exciter le ministère de Londres à en faire de plus considérables pour conserver la supériorité qu'il s'est acquise dans cette partie du continent. »

Ce même ministre, que les ordres du roi obligeaient à abandonner si honteusement les admirables défenseurs de la Nouvelle-France, ajoutait, de sa main, cette recommandation vraiment étrange après le refus de tout renfort :

« Il est de la dernière importance de conserver un pied dans le Canada, quelque médiocre qu'en soit l'espace ; car si nous l'avions perdu en entier, il serait comme impossible de le ravoir. C'est pour remplir cet objet que le roi compte sur votre zèle, votre courage, votre opiniâtreté, et que vous mettrez en œuvre toute votre industrie, que vous communiquerez les mêmes sentiments aux officiers principaux et tout ensemble aux troupes qui sont sous vos ordres. »

Montcalm accusa réception de cette lettre dans des termes d'une simplicité et d'une grandeur antiques :

« J'ose vous répondre de mon entier dévouement à sauver cette malheureuse colonie ou à mourir. »

Il lui restait trois mille deux cents hommes, les quelques recrues arrivées de France, quinze cents soldats des troupes de marine et les milices.

Le gouverneur, comprenant que l'heure suprême était arrivée et qu'il fallait employer toutes les forces disponibles pour résister à l'assaut formidable que la colonie allait subir, ordonna la levée en masse de tous les Canadiens de seize à soixante ans. Son appel fut entendu par ses compatriotes qui, malgré la faiblesse de son caractère, le savaient dévoué à leur cause et prêt à se sacrifier pour elle. Dix mille hommes quittèrent leurs foyers pour se joindre à l'armée; on vit, touchant et noble exemple de patriotisme, des enfants de douze ans et des vieillards de quatre-vingts ans grossir les rangs des milices ou s'employer de leurs mains débiles, à défaut de bêtes de somme, aux charrois de vivres et d'artillerie. Il ne resta dans les campagnes, pour le travail de la terre, que les femmes et les petits enfants.

Quant aux sauvages, qui voyaient l'infériorité trop manifeste des Français et que les émissaires anglais cherchaient par tous les moyens à rallier à leur cause, ils refusèrent pour la plupart de quitter leurs bourgades; les Hurons, les Iroquois chrétiens et les quelques Abénaquis ayant survécu à l'épidémie de petite vérole des années précédentes, répondirent seuls, au nombre de neuf cents, à l'appel du gouverneur et de Montcalm.

Contre ces faibles forces, épuisées par les privations et les souffrances d'un long et froid hiver (1), l'ennemi disposait de quarante mille hommes de troupes, soutenus par vingt mille soldats de réserve. William Pitt confia le commandement de la principale armée à un jeune et ardent général, James Wolfe, qui s'était distingué au siège de Louisbourg.

Wolfe avait sous ses ordres douze mille hommes qu'une flotte de vingt vaisseaux et trente frégates, mon-

______

(1) La misère en était arrivée à ce point que les officiers mouraient de faim, et que, pour les aider à vivre, Montcalm dut sommer l'intendant de leur payer vingt sous par jour. Il le fit dans les termes les plus pressants : « Vous avez l'année dernière secouru le peuple, lui dit-il, l'officier chargé de le défendre devient peuple toutes les fois que ses appointements ne lui donnent pas de quoi vivre. »

Le pain se payait 10 sous la livre, la pinte de vin 10 francs, la douzaine d'œufs 3 francs. Les souliers valaient de 30 à 40 francs la paire.

tée par plus de dix-huit mille matelots et artilleurs,
devait transporter devant Québec ; le général Amherst,
à qui la Chambre des communes avait voté des remer-
ciements pour la prise de Louisbourg, remplaçait
Abercromby ; il allait marcher avec douze mille hommes, par le lac Champlain, sur le centre de la colonie
et rejoindre sous Québec l'armée de Wolfe.

Une troisième armée, celle qui avait pris le fort
Duquesne, était chargée, sous le commandement du
général Prideaux, de tourner la colonie par les lacs,
d'occuper le fort Niagara et de descendre par le fleuve
St-Laurent jusqu'à Montréal.

« Si le général Montcalm, disait Wolfe, trompe encore cette fois nos efforts, il pourra passer pour un
habile officier. »

Le 25 juin, la flotte anglaise, après avoir évité, par
une heureuse fortune qui surprit alors, les dangers
de la navigation sur le fleuve, arrivait en vue de Québec. Elle avait été dirigée, au milieu des passes et des
écueils du Saint-Laurent par un officier de la marine
royale, Canadien d'origine, Denis de Vitré. Fait prisonnier, il avait accepté de servir de pilote à l'ennemi,
contre promesse d'un grade et une somme d'argent.
Cette infâme trahison fut largement récompensée.
(Dussieux.) Il y a des actes que tout l'or d'une nation
ne saurait effacer, et celui du misérable, qui ouvrait
le Canada aux ennemis, est du nombre.

Malgré les menaces d'invasion par le fleuve, renou-
velées chaque année depuis le commencement de la
guerre, les remparts de Québec étaient restés inachevés. Dès 1758, Montcalm avait signalé le danger au
ministre : « Il y a deux ans, lui disait-il, que je ne cesse
de parler de l'entreprise et de la descente que l'ennemi peut faire à Québec ; on ne veut rien prévoir ni
rien ordonner. »

Le 12 avril 1759, il revenait encore sur le péril qu'il

entrevoyait : « A Québec, l'ennemi peut venir si nous n'avons pas d'escadre ; et la capitale prise, la colonie est perdue ; et cependant, nulle précaution. J'ai écrit, j'ai fait offre de mettre de l'ordre pour empêcher une fausse manœuvre à la première alarme ; la réponse : Nous aurons le temps ! »

Funeste illusion ! Et combien Montcalm, cette fois encore, voyait juste !

L'attaque prochaine de la flotte anglaise étant signalée, le général se rendit le 22 mai à Québec, où il fut bientôt rejoint par M. de Vaudreuil et le chevalier de Lévis. Après un sérieux examen de la place et de ses abords, tous trois reconnurent qu'elle n'était point tenable du côté de la campagne, où il n'existait pour la protéger qu'un simple mur de deux mètres de hauteur, sans fossé ni glacis. Afin d'empêcher l'ennemi de tourner la position et de la prendre à revers, il fallait à tout prix s'opposer à un débarquement et protéger la ville par un vaste camp retranché. Ce dernier prit le nom du village de Beauport qu'il renferma. Le Saint-Laurent en défendait le front, la gauche s'appuyait à la rivière Montmorency, descendant des montagnes par un profond ravin, et la droite était réunie à la ville par un pont sur la rivière Saint-Charles, dont un barrage et deux navires coulés en arrière interdirent l'entrée. Des redoutes élevées le long des retranchements et sur les quais de la basse ville augmentaient la force de la position.

Les troupes et les milices furent disposées sur les emplacements qu'elles devaient défendre, et y campèrent ; le chevalier de Lévis commandait la gauche, Bougainville la droite ; Montcalm établit son quartier général au centre. Les deux frégates françaises et les bâtiments de commerce qui se trouvaient dans le port de Québec furent placés sous la direction du capitaine Vauquelin, jeune officier de marine d'une bravoure éprouvée. Trop faible pour résister à la flotte ennemie, il devait remonter le fleuve et s'opposer de toutes ses forces, avec l'appui des batteries de terre, aux tentatives que pourraient faire les Anglais pour le suivre en amont de la ville, où les falaises abruptes bordant le fleuve interdisaient tout débarquement.

La flotte anglaise, parvenue à l'île d'Orléans, y débarqua l'armée d'invasion et vint prendre position à la pointe, en face de la ville et du camp retranché.

Sept brûlots avaient été préparés par les Français pour incendier les bâtiments lorsqu'ils seraient à l'ancre ; le 28 juin, par une nuit obscure, ils furent dirigés sur les navires qu'ils devaient détruire, mais les hommes qui les montaient y mirent le feu beaucoup trop tôt, et les chaloupes anglaises, à l'aide de grappins, les entraînèrent jusqu'à la berge où ils achevèrent de se consumer. D'autres essais, avec des radeaux enflammés, restèrent également sans résultat, et la flotte anglaise put s'embosser et se préparer à couvrir la ville de ses feux.

Pendant ce temps, Wolfe, après avoir vainement essayé de faire sortir Montcalm de ses retranchements, employait une partie de son armée à construire de l'autre côté du fleuve, sur la pointe de Lévis, plusieurs batteries qui, le 12 juillet, commencèrent à tirer en même temps que la flotte sur les maisons de Québec. Pendant deux mois le bombardement ne se ralentit pas, allumant de tous côtés des incendies que la population, aidée des troupes, parvenait difficilement à éteindre, et détruisant presque entièrement la basse ville.

En attendant le général Amherst, qui devait le rejoindre sous les murs de Québec, Wolfe fit ravager avec une impitoyable férocité tous les environs de la ville, incendier les fermes, brûler quatorze cents maisons, massacrer les habitants, égorger les bestiaux, couper les arbres fruitiers, et faire un désert de ces malheureuses campagnes, sans parvenir à ébranler son adversaire (1). Montcalm restait enfermé dans la ville et le camp retranché, repoussant toute tentative de descente en aval ou en amont, et laissant les Anglais se morfondre dans l'île d'Orléans et dans le camp élevé par eux à gauche du ravin de Montmorency près du village de l'Ange gardien. C'était la base des opérations que Wolfe, las d'attendre inutilement Amherst, se décida à entreprendre seul contre les positions françaises.

Le 31 juillet, un vaisseau de soixante canons et deux frégates vinrent s'embosser à gauche des retranchements de Beauport contre lesquels ils commencèrent un feu terrible, pendant que des hauteurs au delà du Sault Montmorency une batterie de vingt-six pièces prenait le retranchement à revers. A marée basse, les troupes anglaises campées de l'autre côté de la rivière descendirent en colonnes, sous la protection de leur artillerie, jusqu'au gué qu'elles passèrent au dessous du Sault, et se réunirent à celles qui, venant de la pointe de Lévis, débarquaient sur la berge, appuyées par le feu des frégates. Formées en bataille, elles s'avancèrent

---

(1) En même temps qu'il semait ainsi l'épouvante dans les campagnes, Wolfe faisait répandre dans la contrée le manifeste suivant :

« Son Excellence, piquée du peu d'égards que les habitants du Canada ont eu à son placard du 29 juin dernier, est résolue à ne plus écouter les sentiments d'humanité qui la portent à ménager des gens aveuglés sur leurs propres intérêts. Les Canadiens par leur conduite se montrent indignes des offres avantageuses qu'il leur faisait. C'est pourquoi il a donné ordre aux commandants de ses troupes légères et autres officiers de s'avancer dans le pays, pour y saisir et emmener les habitants et leurs troupeaux, et y détruire et renverser ce qu'ils jugeront à propos. Au reste, comme il se trouve fâché d'en venir aux barbares extrémités dont les Canadiens et les Indiens, leurs alliés lui montrent l'exemple, il se propose de différer jusqu'au 10 avril prochain à décider des prisonniers, envers lesquels il usera de représailles, à moins que, pendant cet intervalle, les Canadiens ne viennent se soumettre aux termes qu'il leur a proposés dans son placard, et par leur soumission toucher sa clémence et le porter à la douceur. Donné à Saint-Henri, le 25 juillet 1759. Joseph Dalling, major des troupes légères. »

vers les retranchements ; à leur approche, les Français les accueillirent par des salves rapides de mousqueterie sous lesquelles elles commencèrent à plier et à se rompre.

Les redoutes menacées n'avaient que dix canons à opposer aux cent dix-huit pièces de l'ennemi, mais les volontaires canadiens, embusqués derrière les taillis et les roches, tuèrent à coups de fusil les artilleurs anglais. Le chevalier de Lévis, sous les ordres duquel combattaient les Français sur ce point, fit des merveilles ; les renforts que dirigeait Montcalm en personne arrivèrent au moment où l'ennemi, décimé, commençait à se retirer. Un violent orage, accompagné d'une pluie diluvienne, vint alors interrompre la lutte. Montcalm se disposait à la continuer vigoureusement lorsque, la pluie cessant, il vit les Anglais se retirer précipitamment, après avoir mis le feu à leurs frégates embossées près de la côte.

L'action avait duré six heures ; les batteries anglaises avaient tiré sur les retranchements des Français plus de trois mille coups de canon. Wolfe avait engagé huit mille hommes dans cette attaque ; il en avait perdu six cents tués ou blessés ; l'orage, en arrêtant la poursuite du vainqueur, lui avait épargné de plus grandes pertes. Rentré dans son camp et accablé par l'échec qu'il venait d'éprouver, il envisagea avec effroi l'impression que sa défaite allait causer en Angleterre, et les amères critiques dont sa conduite, dans une entreprise au-dessus de ses forces, serait certainement l'objet. Une dernière tentative faite, par son ordre, sous la direction du général Murray en amont de Québec ayant été repoussée de même, il tomba gravement malade et ses troupes restèrent plusieurs jours dans l'inaction, en attendant sa convalescence. Aussitôt qu'il put reprendre la direction des opérations, il adressa à son gouvernement une longue dépêche dans laquelle « il exposait tous les obstacles contre lesquels il avait à lutter, et les regrets cuisants qu'il éprouvait du peu de succès de ses efforts ». (Garneau).

Les deux armées qui devaient le rejoindre sous les murs de Québec, pour l'aider à venir' à bout de la résistance opiniâtre à laquelle il se heurtait, étaient restées en route ; le général Amherst avait dû s'arrêter à Carillon, pendant que le général Prideaux était tué à Niagara.

La défense, au fort de Carillon, avait été confiée à M. de Bourlamaque ; deux mille trois cents hommes occupaient sous ses ordres ce poste et celui de Saint-Frédéric. Les retranchements de Carillon avaient été remis en état, mais lorsque les mouvements de l'ennemi furent connus et Québec désigné comme le but de la principale attaque, M. de Bourlamaque reçut l'ordre, si les forces qui allaient le menacer étaient trop supérieures en nombre pour permettre de leur résister à Carillon, de faire sauter ce fort ainsi que celui de Saint-Frédéric, et de se retirer à l'île aux Noix, dans la rivière de Richelieu, où les travaux de défense effectués récemment lui donneraient les moyens d'arrêter l'ennemi.

Le général Amherst, qui commandait de ce côté l'armée anglaise et que la sanglante défaite subie par son prédécesseur l'année précédente à Carillon invitait à la prudence, commença par réunir toutes ses forces au fort Lydius ; puis il en fit construire un nouveau près de l'emplacement autrefois occupé par le fort William-Henry. Sa base d'opérations ainsi assurée, il s'embarqua le 21 juillet sur le lac Saint-Sacrement avec douze mille hommes et cinquante-quatre bouches à feu. Deux jours après, il arrivait en vue de Carillon. Bourlamaque, qui avait essayé vainement de s'opposer à sa marche, et qui avait dû se replier sur le fort, y laissa quatre cents hommes pour le détruire et se retira à Saint-Frédéric. Le 26, après avoir fait sauter le fort, la garnison quitta Carillon sans être inquiétée et rejoignit Bourlamaque. Celui-ci, craignant d'être tourné à Saint-Frédéric, en détruisit également les murailles et opéra sa retraite sur l'île aux Noix.

Le 4 août, Amherst occupa les forts abandonnés, les fit reconstruire et ordonna de mettre en chantier des embarcations en nombre suffisant pour permettre à ses troupes de s'engager sur le lac Champlain. Les mois d'août et de septembre s'écoulèrent avant qu'il fût en mesure de reprendre ses opérations et de surmonter les obstacles accumulés sur sa route par son habile adversaire. Les neiges et les gelées arrivant, toute navigation devint impossible, et force fut aux Anglais de reculer pour hiverner dans leurs forts.

Du côté du lac Ontario, le capitaine Pouchot avait été chargé, avec trois cents soldats et Canadiens, d'occuper le fort Niagara; il devait s'y fortifier, et, s'il était attaqué, appeler à son secours les postes de la Rivière aux Bœufs et de Détroit, commandés l'un par M. de Ligneris et l'autre par le capitaine Aubry. Si au contraire l'offensive lui était possible, il avait à s'entendre avec eux pour essayer de chasser les Anglais du fort Duquesne.

Aucun mouvement des ennemis ne se produisant du côté du fort Machault, le capitaine Pouchot y envoya un détachement avec des vivres et des marchandises pour essayer de maintenir les sauvages des alentours dans notre alliance. Pendant qu'il dirigeait toute son attention de ce côté, le général Prideaux quittait Albany le 20 mai avec deux mille hommes d'infanterie, de l'artillerie et plusieurs milliers de sauvages, Loups, Mahingans, Iroquois, que la prise du fort Duquesne et la faiblesse numérique des Français avait rejetés du côté du vainqueur. Le 1er juillet, il arrivait au lac

Ontario qu'il traversait sans donner l'éveil à la garnison de Niagara, et débarquait le 6 dans le voisinage du fort, qu'il investissait aussitôt.

Le capitaine Pouchot, lorsqu'il était arrivé à Niagara, avait trouvé les murailles en ruine et les fossés à demi comblés; il avait aussitôt travaillé à réparer les fortifications. Au moment où il allait subir un siège, les remparts étaient achevés, mais les batteries des bastions n'étaient pas encore en place, et les bâtiments destinés à l'hôpital et à l'emmagasinement des poudres restaient inachevés. Il renforça l'hôpital par des blindages et protégea la poudrière par des ouvrages en terre. Aussitôt l'ennemi signalé, il envoya des courriers aux forts de Détroit et de la Rivière aux Bœufs pour prier les commandants de venir en toute hâte à son secours avec ce qu'ils auraient de Français et de sauvages sous leurs ordres.

Le 10 juillet, dans la nuit, les Anglais ouvrirent une première parallèle à six cents mètres des remparts. Du 13 au 22, ils continuèrent leurs travaux d'approche, démasquant successivement plusieurs batteries. Le général Prideaux fut tué d'un éclat de mortier; le colonel Johnson, qui le remplaça, poursuivit les opérations du siège avec la plus grande énergie.

Les bastions démolis, les canons démontés, les assiégés en furent réduits à empiler des paquets de pelleteries sur les décombres des fortifications pour tirer moins à découvert, et à bourrer leurs dernières pièces avec des couvertures et des chemises. La brèche était ouverte, depuis dix-sept jours aucun des hommes de la garnison ne s'était couché, beaucoup étaient blessés; le commandant, ses munitions épuisées, n'avait plus qu'un espoir, c'était d'être secouru à temps par de Ligneris et Aubry, dont il connaissait la bravoure, et qui l'avaient informé de leur arrivée prochaine avec six cents Français et un millier de Peaux-Rouges. Mais leurs émissaires sauvages, avec une insigne perfidie, avertirent en même temps leurs « frères » alliés des Anglais, et le colonel Johnson lui-même. Ce dernier n'eut alors qu'à tendre aux arrivants une embuscade dans laquelle ils tombèrent ; ses troupes, cachées derrière des abattis d'arbres le long du sentier allant de la cataracte au fort, laissèrent s'avancer les Français, que leurs alliés sauvages suivaient à distance. Ces derniers, à la vue de l'ennemi, s'arrêtèrent aussitôt, ne voulant pas disaient-ils, combattre contre leurs frères des cinq nations.

Abandonnés à leurs seules forces, de Ligneris et Aubry continuèrent à suivre rapidement le sentier dans lequel ils furent assaillis par des coups de feu partant des abattis. Chargeant aussitôt l'ennemi à travers bois, ils le chassèrent au premier choc de ses positions, mais enveloppés par plus de deux mille hommes, ils furent écrasés, et quelques Canadiens purent seuls échapper à la poursuite des Peaux-Rouges. Ils se réfugièrent au fort de Détroit. Quant à nos misérables alliés, dont la trahison et la lâcheté avaient amené ce désastre, leurs « frères » les traitèrent comme les Français eux-mêmes, et les massacrèrent. Presque tous les officiers furent tués ou pris. Ligneris et Aubry, blessés, restèrent aux mains des Anglais.

Johnson informa aussitôt le capitaine Pouchot de son succès, en lui adressant la liste des officiers prisonniers. Le commandant du fort envoya un parlementaire pour s'assurer de l'exactitude de cette défaite, qui lui enlevait toute chance d'être secouru : sa garnison réduite d'un tiers était épuisée, les fortifications n'existaient plus qu'à l'état de ruines informes ; la brèche grande ouverte permettait l'assaut ; il accepta les conditions honorables que lui offrait Johnson, qui désirait de son côté occuper le fort avant l'arrivée du général Gage, désigné pour remplacer Prideaux. La garnison sortit avec les honneurs de la guerre, tambours en tête, mèches allumées, pour s'embarquer sur le lac et être conduite à New-York, où Pouchot fut bientôt mis en liberté par voie d'échange.

La prise de Niagara achevait d'isoler le Canada du côté des lacs et de la Louisiane.

Informé de la retraite de M. de Bourlamaque à l'île aux Noix, et de la prise du fort Niagara, M. de Vaudreuil, effrayé des conséquences que pouvaient avoir pour la colonie ces succès de l'ennemi, eut l'idée malheureuse, dans ces circonstances critiques, de faire sortir de Québec le chevalier de Lévis, qui avec sept cents Canadiens et cent soldats des troupes de terre fut envoyé aux rapides, entre le lac Ontario et Montréal, pour y organiser la défense. Le 6 septembre il écrivait de Montréal à Montcalm pour lui faire part de la situation de cette partie de la colonie; il terminait sa lettre en termes qui témoignent d'une admirable clairvoyance, et qui font d'autant plus regretter que leur auteur ait été éloigné, au moment décisif, du champ de bataille où allaient se jouer les destinées de la Nouvelle-France.

« J'espère, dit-il à son chef, que les ennemis qui sont vis-à-vis de vous, dans la partie de Québec, ne tarderont pas à partir; et dans ce cas nous ne serons pas attaqués dans ces deux parties. C'est bien à désirer pour celle des rapides, car pour cette année, ou du moins jusqu'au premier octobre, elle est bien en l'air.

« Je crois, mon cher général, que vous ferez bien de vous tenir rassemblé le plus possible, car les ennemis en partant doivent chercher à avoir une action qui donne de la réputation à leurs armes et qui justifie la conduite que Wolfe a tenue toute la campagne. Je désire bien ardemment de pouvoir vous rejoindre. »

Depuis deux mois, la formidable artillerie des vaisseaux anglais et les batteries de la pointe Lévis foudroyaient sans discontinuer de leurs feux les retranchements de Montcalm et la ville de Québec, dans laquelle les incendies produits par les bombes avaient détruit la plus grande partie des maisons et des établissements ; depuis deux mois Wolfe, qui avait fait passer, en remontant la nuit le Saint-Laurent, une partie de sa flotte devant la ville en ruines, avait tenté vainement à diverses reprises un débarquement en amont de Québec ; depuis deux mois les actes de brigandage contre les propriétés des malheureux Canadiens avaient continué jusqu'à la destruction complète de toutes les habitations des alentours ; la saison s'avançait, le froid et les glaces allaient rendre le séjour du fleuve impossible et obliger à la retraite l'armée anglaise impuissante à forcer les lignes de défense du général français ; l'amiral Saunders avait réuni à son bord un conseil de guerre, et il avait été décidé que le 20 septembre la flotte embossée devant Québec lèverait l'ancre pour regagner le golfe Saint-Laurent et le port d'Halifax, où elle serait à l'abri des tempêtes et des désastres qu'autrefois les navires de Phips et de l'amiral Walker avaient éprouvés dans ces parages.

Ainsi que l'avait prévu le chevalier de Lévis, Wolfe, remontant et descendant le fleuve l'âme ulcérée de désespoir (1), avait pris la résolution d'essayer une dernière attaque, et de tenter à une demi-lieue au-dessus de Québec l'escalade de la falaise, au sommet de laquelle un sentier étroit et escarpé pouvait le conduire, si les Français lui en laissaient l'accès libre. C'était la dernière chance et la plus improbable de succès. Le général anglais, décidé à la tenter en y laissant à la fois, s'il échouait, sa réputation et sa vie,

____

(1) Il considérait alors l'insuccès de sa campagne comme tellement certain que le 9 septembre il écrivait à Londres : « Ma constitution est ruinée, sans que j'aie la consolation d'avoir rien fait de considérable pour l'État, et sans que j'aie la perspective de mieux faire. »

prit les dispositions les plus habiles pour dérober son approche à l'adversaire. Afin d'attirer l'attention de Montcalm et de l'obliger à diviser ses forces, il fit remonter le fleuve à une partie de sa flotte accompagnée de nombreuses chaloupes, comme s'il voulait effectuer un débarquement à quatre ou cinq lieues en amont de la ville. Bougainville fut détaché avec deux mille hommes pour surveiller ses mouvements et repousser toute tentative de descente. Il campa en face de la flotte, prêt à jeter à la rivière les corps qui voudraient débarquer.

Pendant la nuit du 12 au 13 septembre, Wolfe, dérobant dans l'obscurité ses mouvements à son adversaire, descendit le fleuve avec ses canots et un détachement d'Écossais choisis parmi les plus lestes. Il fit halte à une demi-lieue de Québec, à l'anse au Foulon, où il avait résolu de mettre pied à terre. Par une étrange fatalité, l'officier qui commandait ce poste était M. de Vergor, la créature de l'intendant Bigot, l'ancien commandant du fort Beauséjour, qu'il avait lâchement rendu, l'homme que le conseil de guerre n'avait acquitté que grâce à la néfaste influence de son protecteur. C'est lui qui, par son inepte incurie, allait permettre au général anglais de rompre enfin cette ligne de défense contre laquelle il se heurtait vainement depuis deux mois !

Deux déserteurs avaient informé Wolfe que des chaloupes françaises, chargées de vivres, devaient pendant la nuit descendre jusqu'à Québec en suivant le pied des falaises. Profitant de ce renseignement, il choisit quelques officiers parlant parfaitement le français, et lorsque ses canots passèrent devant les sentinelles postées au pied des falaises, ceux-ci répondirent au qui-vive qu'on leur adressait : « Ne faites pas de bruit ; ce sont des vivres ! » Il atteignit ainsi, dans la nuit noire, sans avoir donné l'éveil, l'anse au Foulon ; débarqué le premier il gravit à la tête de ses highlanders le sentier aboutissant au plateau. Aussitôt le poste qui devait garder ce débouché fut enveloppé, et Vergor, couché et endormi, fait prisonnier.

Wolfe avait réussi dans sa tentative désespérée ; il avait pris pied sur le plateau et tourné les positions de Montcalm qu'il n'avait pu forcer de front. Avec une hâte fébrile, les bataillons anglais, amenés par les centaines de chaloupes des navires descendus avec la marée jusqu'au niveau de l'anse, se pressent le long du sentier, escaladent les falaises et viennent se développer dans la plaine ; le général les y dispose aussitôt en bataille.

Au lever du jour, l'armée débarquée, forte de huit mille hommes et formée en carré, commençait à se retrancher.

Montcalm, que les mouvements de l'ennemi préoccupaient, avait fait coucher le 12 septembre ses troupes au bivouac. Averti dès les premières heures du jour du débarquement de l'armée anglaise à l'anse au Foulon et de sa présence dans les plaines d'Abraham, à une demi-lieue de Québec, il appela aussitôt à lui les troupes et les milices campées à Beauport, n'y laissant que quatorze cents hommes pour garder les retranchements ; puis il fit prévenir Bougainville d'avoir à le rejoindre le plus promptement possible. Mais cet officier se trouvait à quatre lieues de là ; on était séparé de lui par les troupes anglaises, il fallait compter une demi-journée pour lui permettre de regagner Québec et chaque heure perdue profitait à l'ennemi dont la situation, appuyée par sa flotte, pouvait bientôt devenir formidable. A tout prix on devait l'attaquer et le chasser du plateau, d'où il allait pouvoir, s'il restait libre d'achever sa concentration, prendre Québec à revers et enlever la place.

La générale battue, toutes les troupes réunies dans

la ville sortirent successivement et occupèrent les hauteurs en avant du mur d'enceinte, pendant que le bataillon de Guyenne, déployé en tirailleurs, commençait à échanger des coups de feu avec les avant-postes anglais. Les derniers détachements ayant rejoint, la petite armée de Montcalm comptait quatre mille cinq cents hommes dont les trois quarts étaient des miliciens.

Disposés sur trois rangs et entraînés par le général qui leur communiquait son ardeur, Canadiens et Français marchèrent à l'ennemi en tiraillant; quelques sauvages les accompagnaient.

« On se fusilla pendant longtemps, — dit le major de Québec, Joannès, qui assistait à l'action, — enfin vers dix heures M. le marquis de Montcalm, voyant l'ennemi se grossir de plus en plus et quelques pièces de canon qui tiraient, jugea à propos de ne pas lui laisser le temps de se fortifier davantage et donna le signal pour charger. Les troupes s'ébranlèrent avec beaucoup de légèreté, ainsi que les Canadiens, mais après quelques pas en avant, le petit bouquet de bois qui s'allongeait sur la droite servit de retraite aux miliciens, qui laissèrent marcher seuls les cinq bataillons, ce qui occasionna un peu de flottement. Enfin après s'être approché à la portée du pistolet et avoir fait et essuyé trois ou quatre décharges, la droite plia et entraîna le reste de la ligne. »

Profitant de ce mouvement de retraite, Wolfe ordonne à ses troupes de charger et s'élance à leur tête sur l'ennemi; une balle l'atteint au poignet; il se contente de bander la plaie avec un mouchoir et continue la poursuite; deux autres projectiles le frappent en plein corps; il tombe la poitrine traversée; on le porte en arrière en cachant ses blessures aux soldats; un des officiers qui l'entourent l'informe que les Français fuient vers Québec.

— « Déjà! dit-il faiblement; alors je meurs content, » et il expira.

Le même sort était réservé à son brave et malheureux adversaire. Dans ses efforts pour arrêter la retraite de ses troupes, poursuivies avec acharnement

Mort de Montcalm.
(d'après une gravure de la Bibliothèque nationale).

par les bataillons écossais, Montcalm avait déjà reçu deux blessures; pendant qu'il essayait de rallier son armée pour s'opposer aux progrès de l'ennemi une autre balle l'atteignit dans les reins et le renversa mortellement blessé sur le champ de bataille. Au chirurgien qui sondait sa plaie, il demanda combien de temps il lui restait à vivre. — « Quelques heures, » répondit avec franchise cet officier. — « Tant mieux, dit Montcalm, je ne verrai pas les Anglais dans Québec. »

Il rentra dans la ville soutenu sur son cheval par

trois grenadiers. Des femmes, le voyant passer défaillant et couvert de sang, se mirent à pleurer en disant : « Mon Dieu! le marquis est tué! » S'efforçant de sourire malgré les souffrances qu'il éprouvait, le blessé leur dit : « Ce n'est rien, ne vous affligez pas pour moi, mes bonnes amies! »

On le déposa chez le chirurgien Arnoux, rue Saint-Louis. Sa dernière préoccupation fut pour les Canadiens, et augmenta encore chez ceux-ci le chagrin que leur causa sa perte. (Gagnon.) Il dicta les lignes suivantes, qu'il fit adresser au commandant de l'armée anglaise :

« Général, l'humanité des Anglais me tranquillise sur le sort des prisonniers français et sur celui des Canadiens. Ayez pour ceux-ci les sentiments qu'ils m'avaient inspirés; qu'ils ne s'aperçoivent pas d'avoir changé de maître. Je fus leur père; soyez leur protecteur. »

A M. de Ramesay, commandant la place, qui lui demandait son opinion sur la défense qu'on pourrait opposer, il répondit expirant : « Je confie à votre garde l'honneur de la France! »

Il mourut le 14 septembre, à cinq heures du matin, et fut inhumé dans la chapelle des Ursulines, à moitié détruite par les projectiles.

« Ce fut le soir même du 14, vers neuf heures, à la lueur des flambeaux, que se fit la cérémonie funèbre; les ténèbres et le silence planaient tristement sur les ruines de la cité, pendant que défilait le lugubre cortège composé du clergé, des officiers civils et militaires, auxquels se joignirent, chemin faisant, les hommes, les femmes et les enfants qui erraient çà et là au milieu des décombres. Les cloches restèrent muettes, le canon ne résonna point, et les clairons furent sans adieu pour le plus vaillant des soldats. » (Histoire des Ursulines de Québec.)

L'historien américain Bancroft a dépeint en termes qui méritent d'être retenus l'homme qui succombait ainsi après avoir pendant quatre années tenu en échec toutes les forces des Anglais dans le nouveau monde :

« Infatigable au travail, juste, désintéressé, toujours rempli d'espérance, et quelquefois jusqu'à la témérité, sage dans les conseils, actif dans l'action, c'était une source continuellement jaillissante de hardis projets. Sa carrière au Canada fut une inexorable destinée. Il supportait avec une égale patience la faim et le froid, les veilles et les fatigues. Plein de sollicitude pour ses soldats, il ne pensait pas à lui. Souvent il apprit aux sauvages à s'oublier et à tout souffrir, et, au milieu d'une corruption générale, il ne chercha jamais que l'intérêt de la colonie. »

Montcalm mortellement blessé, une véritable panique s'empara des troupes qui s'enfuirent jusqu'au camp de Beauport; à la nuit elles rallièrent par groupes, en remontant dans les terres, le corps de Bougainville. Ce dernier, qui n'avait appris qu'à huit heures du matin le débarquement des Anglais près de Québec, avait marché aussitôt à l'ennemi, mais à son arrivée aux plaines d'Abraham la bataille était perdue; les Français avaient abandonné leurs positions et regagné Québec, dont les Anglais s'approchaient.

M. de Vaudreuil, d'accord avec Bougainville. assembla un conseil de guerre qui opina pour la retraite jusqu'à la rivière Jacques Cartier dont on pourrait se servir comme ligne de défense. Le chevalier de Lévis, désigné précédemment par le roi pour remplacer Montcalm en cas de mort, fut rappelé aussitôt de Montréal. Quant à la retraite elle s'effectua avec un désordre et une précipitation tels que la plupart des approvisionnements restèrent dans le camp de Beauport, où ils furent oubliés. Les miliciens se dispersèrent pour rentrer chez eux, d'autres se mirent à piller dans les campagnes sans qu'il fût possible d'arrêter ce désordre. (Lévis.)

Dans la nuit du 13 au 14 septembre, les Anglais, après avoir constaté la disparition des troupes françaises, se rapprochèrent de Québec et commencèrent à ouvrir la tranchée à une portée de fusil du rempart. Il était resté dans la ville dix-huit cents soldats, miliciens et matelots qui pendant la bataille avaient eu à soutenir une violente canonnade contre les batteries de la pointe Lévis. Le commandement de la place avait été remis à M. de Ramesay, officier médiocre, sans caractère, protégé de M. de Vaudreuil, qui lui] avait laissé des instructions d'une indécision déplorable. Tout en lui recommandant de résister aux attaques dont il pourrait être l'objet, il lui disait : « Nous prévenons M. de Ramesay qu'il ne doit pas attendre que l'ennemi l'emporte d'assaut; ainsi, sitôt qu'il manquera de vivres, il arborera un drapeau blanc et enverra l'officier de sa garnison le plus capable et le plus intelligent pour proposer sa capitulation. »

M. de Ramesay, s'appuyant sur ce texte et oubliant les dernières paroles de Montcalm à son lit de mort, ne se rendit pas compte qu'il est des moments où un officier ne doit jamais hésiter à faire tout son devoir, que le sien dans la circonstance était de tenir jusqu'à la dernière extrémité, et qu'il allait, en capitulant porter le coup mortel à son pays. Le 18 septembre, sans sommation de l'ennemi, sans avoir reçu un coup de canon des tranchées anglaises qui n'étaient pas même achevées, effrayé par les mouvements des vaisseaux ennemis qui paraissaient se disposer à reprendre le bombardement de la ville, découragé par les plaintes de la population qui demandait à se rendre pour obtenir de meilleures conditions du vainqueur et ne plus souffrir de la faim et du froid, cet officier fit arborer le drapeau blanc et envoya le major de Joannès

soumettre des propositions à l'ennemi. Un groupe de
cent cavaliers, portant des vivres, arriva sur ces entre-
faites et informa le commandant de place de l'appro-

Monument élevé à Québec à la mémoire de Montcalm et de Wolfe.

che de l'armée de secours. M. de Joannès insista pour
rompre les pourparlers engagés avec le général anglais;
rien n'y fit. M. de Ramesay, épouvanté à l'idée du bombardement qu'il allait subir, invoqua les instructions

de M. de Vaudreuil, et signa la capitulation qu'il avait offerte. Le successeur de Wolfe, le général Townshend, qui ne s'attendait pas à rencontrer un si triste adversaire, accorda aussitôt les conditions sollicitées et aux termes desquelles la garnison, composée des forces de terre et des soldats de marine, sortirait de la ville avec armes et bagages, tambours battant, mèches allumées, pour être embarquée et transportée en France. Quant aux habitants, ils devraient être conservés « dans la possession de leurs maisons, biens, effets et privilèges ».

Le chevalier de Lévis, informé de la défaite et de la mort de Montcalm, était accouru de Montréal. Après avoir réuni les troupes de Bougainville et celles venant du camp de Beauport, il jugea qu'il était nécessaire de se reporter en avant pour ne pas laisser tomber Québec au pouvoir de l'ennemi. Si l'on ne pouvait s'y maintenir, on verrait à achever de détruire la ville de manière à empêcher les Anglais d'y passer l'hiver et à les contraindre à se rembarquer. Cette décision prise, Lévis fit partir en avant le groupe de cent cavaliers qui allait annoncer à Ramesay que l'armée était en marche pour le secourir à tout prix. En arrivant à la rivière Saint-Charles il apprit que malgré l'avis reçu le commandant avait capitulé. En présence d'une pareille lâcheté, il manifesta la plus violente indignation ; il était inouï, en effet, de rendre ainsi une place sans qu'elle fût attaquée ni investie. Mais le mal était sans remède ; il n'y avait plus d'autre parti à prendre que de rétrograder jusqu'à la rivière Jacques Cartier, à neuf lieues de Québec, et d'y élever des retranchements pour arrêter l'ennemi s'il songeait à marcher sur Montréal.

La saison s'avançait. Les Anglais, satisfaits de la prise de la capitale du Canada, ne songeaient qu'à s'y installer pour l'hivernage ; ils y laissèrent huit mille cinq cents hommes de troupes de ligne sous le commandement du général Murray nommé gouverneur de la place, puis leur flotte fit voile le 18 octobre pour Halifax.

Les faibles restes de l'armée française prirent leurs quartiers d'hiver dans les villes de Montréal et des Trois Rivières. La situation était désespérée; la famine menaçait; les armées ennemies allaient recommencer la campagne suivante, en partant de Québec et du lac Champlain, leur marche sur Montréal; c'était la fin de la lutte et la chute fatale de la colonie si de puissants renforts n'arrivaient pas de France.

Le chevalier de Lévis écrivit le 1ᵉʳ octobre 1759 au maréchal de Belle-Isle pour lui rendre compte des opérations accomplies et lui dépeindre l'extrême détresse dans laquelle se trouvait le Canada; sa lettre se termine en termes d'une navrante tristesse :

« Il faut convenir que nous avons été bien malheureux. Au moment où nous devions espérer de voir finir la campagne avec gloire, tout a tourné contre nous; une bataille perdue, une retraite aussi précipitée que honteuse nous ont réduits au point où nous en sommes. On impute à M. de Montcalm d'avoir trop divisé l'armée et d'avoir attaqué trop tôt les ennemis sans avoir rassemblé toutes les forces qu'il aurait pu avoir. Je dois à sa mémoire, pour assurer la droiture de ses intentions, de dire qu'il a cru ne pouvoir faire mieux; mais malheureusement les généraux ont toujours tort quand ils sont battus.

« Je ferai tous mes efforts, conjointement avec M. de Vaudreuil, pour soutenir cet hiver le reste de cette malheureuse colonie et attendre les secours qu'il plaira à Sa Majesté de nous envoyer dans les premiers jours du mois de mai... Faute de munitions de guerre et de bouche, il nous sera impossible de faire aucune expédition ni entreprise cet hiver; bien heureux si nous pouvons nous soutenir. Nous finirons de manger la plus grande partie du reste des bœufs et chevaux. Nous aurons à nourrir dans les postes de trois à quatre mille personnes, y compris les sauvages, ce qui achèvera de consommer le peu de ressources qui pourront rester dans la colonie. Si le roi ne juge pas devoir nous donner du secours, je dois vous prévenir qu'il ne faut plus compter sur nous à la fin du mois de mai. Nous serons obligés de nous rendre par misère; manquant de tout, il nous restera du courage, sans aucune ressource pour le mettre en usage. »

Quelques semaines après, le 10 novembre, le général adressait au duc de Choiseul, ministre des Affaires étrangères, un dernier appel :

« C'est beaucoup, lui dit-il, que d'avoir résisté aux grandes forces qui nous ont attaqués et, après toutes nos infortunes, de conserver le centre du Canada; il ne tiendra pas à moi que nous ne le défendions jusqu'à la dernière extrémité, mais si vous ne faites pas la paix d'ici au printemps, il ne faut plus compter sur nous. »

V

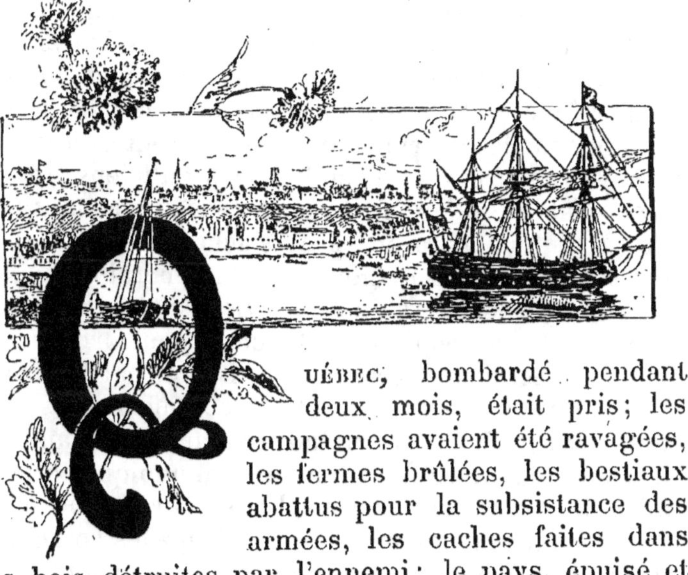

Uébec, bombardé pendant deux mois, était pris ; les campagnes avaient été ravagées, les fermes brûlées, les bestiaux abattus pour la subsistance des armées, les caches faites dans les bois détruites par l'ennemi ; le pays, épuisé et sans ressources, voyait ses communications interceptées avec la France, la Louisiane et les pays d'en haut ; habitants et soldats mouraient de faim ; tout semblait fini. Les trois armées anglaises arrêtées dans leur marche par la mauvaise saison et la résistance acharnée qui leur avait été opposée n'avaient plus qu'à se rejoindre sous les murs délabrés de Montréal. Personne n'imaginait en Europe qu'une poignée d'hommes, réduits à la dernière extrémité, à qui toute espérance semblait interdite, oseraient songer à retarder une destinée inévitable. C'est cependant l'étonnant spectacle auquel nous allons assister.

Le chevalier de Lévis, en qui survivait l'indomptable énergie de Montcalm, conçut l'audacieux projet de se porter sur Québec dès que les grands froids seraient passés, de surprendre les Anglais et d'enlever la ville avant l'arrivée des secours qu'ils attendaient d'Europe.

Des reconnaissances poussées pendant l'hiver jusqu'aux abords de Québec empêchèrent l'ennemi de s'étendre au loin pour se ravitailler; toutes les embarcations que l'on put trouver furent réunies en arrière jusqu'à Montréal; les troupes disséminées chez les habitants pour leur permettre de vivre furent exercées et soumises à une sévère discipline; les miliciens, réunis aux soldats réguliers, furent habitués aux mêmes manœuvres; tous les préparatifs s'achevèrent avec rapidité sous l'impulsion vigoureuse du général et du gouverneur que le chevalier de Lévis avait convaincu de la nécessité de reprendre Québec à tout prix si l'on voulait éviter d'être écrasé au printemps par l'ennemi.

Le 29 mars 1760, à la veille de commencer les opétions qu'il projetait, Lévis adressa aux commandants de bataillons, avec prière de la communiquer à leurs officiers et aux soldats sous leurs ordres, une lettre qui affermit tous les courages, prépara les cœurs aux plus rudes efforts et qui reste comme une des plus admirables pages de cette histoire :

« Nous touchons au moment où l'armée va s'assembler et marcher. Je ne doute pas que vous n'ayez pris tous les arrangements nécessaires pour que votre bataillon soit en état de tout point, ainsi que les miliciens qui sont commandés pour y servir, pour partir au premier ordre que je puis vous envoyer d'un moment à l'autre. Notre départ dépend de la fonte des glaces, pour profiter de l'instant où la navigation sera libre; car il est très important que l'armée soit rendue devant Québec avant que les ennemis aient pu travailler à des ouvrages extérieurs.

« Il est inutile que je renouvelle aux troupes le zèle avec lequel elles doivent se porter à cette expédition dont dépendent le salut de la colonie, la gloire des armes du roi et même celle de chacun en particulier. Nous devons aussi, par une entreprise audacieuse, marquer la reconnaissance que nous devons à la colonie qui nous nourrit depuis le temps que nous y sommes. Les habitants ont reçu nos soldats comme leurs enfants, et nous ne pouvons que nous louer de l'amitié et de l'attachement que nous avons reçu, tant en général qu'en particulier, de tous les Canadiens.

« J'ai l'honneur de vous prévenir que M. le marquis de Vaudreuil envoie des ordres aux capitaines des côtes pour faire fournir huit jours de vivres à compter du jour du départ à tous les soldats et miliciens qui composent votre bataillon. Je vous prie de les prévenir qu'ils doivent s'attendre à faire une campagne dure. Je ne vois la subsistance bien assurée qu'en pain, et lorsque nous serons devant Québec nous ne mangerons, soit en cheval ou en bœuf, que la viande que nous pourrons avoir. Ceux qui pourront emporter quelques douceurs feront bien de les prendre.

« Je vous prie d'inspirer d'avance la plus exacte discipline dans votre bataillon et d'y tenir la main. Nous avons à combattre des troupes qui l'observent et, pour les vaincre, il ne faut pas s'écarter de ce principe. »

Afin d'éviter toute confusion dans la marche et dans le combat, des instructions furent rédigées par le chevalier de Lévis et remises aux officiers des troupes régulières et des milices. Leur esprit se résume dans l'article 6 ainsi conçu :

« La force de l'infanterie consiste dans la discipline et l'ordre. Messieurs les commandants des corps et officiers en général doivent donner leurs attentions et applications pour mettre en vigueur ces deux points, malheureusement trop négligés dans nos troupes; ils doivent souvent inspirer aux soldats que la victoire et leur sûreté en dépendent; que toute troupe dispersée est presque toujours battue et souvent détruite; qu'ils doivent être attentifs, faire silence et se posséder pour exécuter les ordres de ceux qui les commandent, ne faire feu que sur leur ordre, quand bien même ils verraient tirer partout; leur inspirer que, pour leur honneur, la gloire des armes et le salut du pays, ils doivent chercher à réparer la perte du 13 septembre, et se souvenir que ce sont les mêmes ennemis qu'ils ont eu à combattre à Chouaguen, au fort William Henry et à Carillon. »

La dernière armée de la colonie, enflammée d'ardeur, était réunie le 17 avril à Montréal et, au milieu de la débâcle des glaces, commençait le 20 à descendre le fleuve sur les frégates, les bâtiments et les embarcations rassemblées pour la transporter à proximité de Québec. Elle se composait d'après l'état dressé par le général, de :

3.610 soldats des régiments de la Reine, de Languedoc, de la Sarre, de Béarn, de Royal-Roussillon et de Guyenne, avec 279 officiers;

2.821 miliciens;

200 sauvages et 352 non combattants, chirurgiens, domestiques, employés.

C'était tout ce qu'il avait été possible de concentrer pour l'expédition projetée.

En arrivant à la pointe aux Trembles, on trouva le fleuve encore plein de glaces; il faisait un froid terrible et l'armée dut s'arrêter pour prendre des vivres et des munitions réunies en cet endroit. Le 26, les embarcations purent descendre jusqu'à Saint-Augustin, et les soldats qui les montaient les traînèrent sur les glaces accumulées le long de la rive pour les mettre à terre; l'armée débarquée n'emporta que des vivres, des munitions et trois pièces de canon. M. de Bourlamaque fut envoyé avec une avant-garde de sauvages, de grenadiers et un détachement d'artillerie pour établir des ponts sur la rivière du Cap Rouge que les

Le chevalier de Lévis.

troupes traversèrent pendant la nuit, par un orage affreux. Elles étaient le matin dans un état pitoyable, et le général dut les laisser reposer dans les habitations en ruines des alentours.

Il espérait surprendre les Anglais par la rapidité de sa marche et enlever un de leurs corps cantonné aux abords du Cap Rouge; mais par un de ces hasards qui déconcertent les mesures les mieux prises, l'ennemi, stupéfié de tant d'audace, avait appris l'arrivée à quelques heures de Québec de l'armée française.

Voici comment se produisit cet incident qui eut les suites les plus graves au point de vue du résultat final des opérations, en permettant à l'ennemi de sauver un de ses corps et de se renfermer dans Québec pour y soutenir un siège.

En arrivant au Cap Rouge, un des bateaux portant les troupes avait été renversé par le choc d'énormes glaçons. Les artilleurs qui le montaient se noyèrent; un seul se sauva en sautant sur un glaçon et fut emporté par le courant sans pouvoir rejoindre la berge. Il descendit ainsi le fleuve au milieu de la débâcle, à demi-mort de froid et de fatigue. Lorsqu'il passa devant Québec, les Anglais, émus de compassion, envoyèrent des canots à son secours et parvinrent difficilement à le sauver, car les bords du Saint-Laurent étaient encore gelés. Réconforté avec des cordiaux, il commençait à respirer et à recouvrer ses sens lorsqu'ils lui demandèrent d'où il venait et qui il était. « Il répondit innocemment qu'il était un artilleur de l'armée de M. de Lévis au Cap Rouge. D'abord, ils crurent qu'il rêvait et que les souffrances qu'il avait éprouvées sur le fleuve lui avaient tourné la tête. Mais après avoir constaté que ses réponses étaient toujours les mêmes, ils furent convaincus de sa véracité et un peu confondus d'avoir une armée française à trois lieues de Québec sans en avoir la moindre information. Tous les soins pour lui sauver la vie furent inutiles; il mourut un moment après avoir révélé cet important secret. » (Campagne du Canada, 1760, relation anglaise.)

Murray, ainsi prévenu de l'approche de l'armée de Lévis, avait aussitôt concentré ses troupes dans Québec et pris toutes ses dispositions pour repousser les

Français. Il fit chasser les habitants de la ville pour éviter toute trahison de leur part. « Les soldats de la garnison, quoique accoutumés à toutes les horreurs de la guerre, ne purent voir sans émotion ces infortunés, hommes, femmes, vieillards, enfants, s'éloigner de leurs murailles, sans savoir où adresser leurs pas, dans un pays dévasté et réduit à la dernière misère. » (Garneau.)

Trois mille hommes de la garnison occupèrent, avec plusieurs pièces d'artillerie, les hauteurs de Sainte-Foye devant Québec, depuis l'église jusqu'à la route de Suède. Les Français ne pouvaient déboucher du bois marécageux qui les couvrait pour aborder l'ennemi qu'en se massant sur le grand chemin et en s'exposant au feu des troupes retranchées dans l'église et dans les habitations voisines. Une attaque de front, dans ces conditions, sans artillerie, avec des bataillons formés partie des troupes régulières partie de miliciens, pouvait être dangereuse et aboutir à un échec irréparable.

Lévis eut l'heureuse idée de se porter avec le gros de ses forces sur le flanc gauche de Murray dont il tournait ainsi la position. Dès que les ombres de la nuit dérobèrent ses mouvements aux Anglais, il donna l'ordre à ses troupes de gagner, à travers le bois dont elles longeaient la lisière, la route de Sainte-Foye.

Menacé par ce mouvement d'être coupé de la place, Murray fit rétrograder ses troupes dont une partie rentra dans Québec pendant que le reste occupait les hauteurs en avant de la ville pour observer l'adversaire.

La journée du 27 se passa en escarmouches ; le chevalier de Lévis concentrait ses troupes dont la marche était retardée par le mauvais temps et une pluie continuelle qui détrempait les chemins et les rendait à peu près impraticables. Le 28, Murray voulant profiter de ce que toute l'armée française n'était pas encore réunie pour l'attaquer au milieu de sa concentration dans les plaines d'Abraham, sortit avec toute sa garnison composée de sept mille hommes de troupes éprouvées, ne laissant dans la ville que quatre à cinq cents soldats chargés de garder les remparts pendant qu'il allait tenter le sort des armes. Il avait avec lui vingt-deux bouches à feu et comptait accabler avec ses troupes fraîches une armée harassée par la fatigue et le mauvais temps. Il y aurait réussi sans l'habileté et le sang-froid du chevalier de Lévis.

Celui-ci, croyant d'abord les Anglais décidés à s'en tenir à la défense de la place, avait donné l'ordre de marcher en avant pour arriver de bonne heure à l'anse au Foulon où les chaloupes et les berges devaient achever le débarquement de son matériel. En allant reconnaître avec son état-major les positions qu'il comptait faire occuper à ses troupes, il aperçut une forte colonne ennemie qui sortait de la ville pour se former en bataille du coteau de Sainte-Geneviève à la falaise bordant le fleuve Saint-Laurent. Il fit occuper aussitôt par son avant-garde, à droite, une redoute élevée l'année précédente par les Anglais près de la côte du Foulon, et, à gauche, un moulin et divers bâtiments sur le chemin de Sainte-Foye. Le reste de l'armée arrivait à peine sur le terrain lorsque les Anglais attaquèrent le moulin qui couvrait la route par laquelle débouchaient les Français.

Murray voulait enlever ce point avec des forces supérieures pour se jeter ensuite sur le centre de l'armée française, l'enfoncer et couper son aile droite qu'il aurait écrasée.

Évitant une attaque à laquelle n'auraient pas résisté les cinq compagnies de grenadiers qui gardaient le moulin, Lévis les fit reculer jusqu'à l'entrée du bois pendant qu'il pressait la marche en avant de ses dernières brigades. Celles-ci arrivées sur le champ de bataille, il les lança à l'assaut de la position que l'ennemi occupait lui-même avec presque toutes ses forces et la plus grande partie de son artillerie. Les grenadiers abordèrent les Anglais au pas de charge, culbutèrent les régiments écossais et enlevèrent le moulin à la bayonnette.

Attaqués à leur tour par les bataillons ennemis reformés en arrière, ils durent reculer pour revenir encore à la charge et reprendre le moulin dans lequel ils purent, cette fois se maintenir.

Tout l'effort des Anglais sur la droite était brisé. Lévis profite de ce qu'ils ont affaibli leur gauche pour attaquer à fond de ce côté. Ses troupes, entraînées par leurs officiers, s'élancent sur l'ennemi, et après l'avoir ébranlé par leur feu, se jettent sur lui à la bayonnette, l'enfoncent et le poursuivent avec acharnement. Les fuyards se sauvent vers le centre dont ils interrompent le feu et où ils propagent le désordre. Lévis fait alors charger sa gauche qui culbute à son tour la droite ennemie et la poursuit la bayonnette dans les reins.

La déroute des Anglais est complète. Ils se précipitent vers la ville dont la proximité leur permet de rejoindre les remparts. Leur fuite même les préserve d'un désastre, car Lévis espérait les tourner s'ils avaient tenu pied et les rejeter sur la rivière Saint-Charles. Ils laissaient entre les mains du vainqueur artillerie, munitions, outils, morts et blessés. Près du quart de leur effectif avait été tué ou mis hors de combat. Si les Français avaient pu attaquer la ville sur-le-champ elle serait probablement retombée en leur pouvoir, car la confusion y était telle que les remparts étaient abandonnés par les fuyards réfugiés jusque dans la basse ville, et que les portes restèrent quelque temps ouvertes. Mais les vainqueurs étaient harassés de fatigue ; leurs forces épuisées ne leur permettaient pas de continuer la poursuite ; ils avaient été aussi très éprouvés, car dans l'action qui avait duré plus de trois heures ils avaient perdu sept cents hommes et cent quatre officiers tués ou blessés.

Le spectacle du champ de bataille était effroyable. « Deux mille cinq cents hommes avaient été atteints par les feux et le fer dans un espace relativement resserré. L'eau et la neige, qui couvraient le sol par endroits, étaient rougies de sang que la terre gelée ne pouvait boire, et ces malheureux nageaient dans des mares horribles où l'on enfonçait jusqu'à mi-jambe. »

Les blessés français furent portés à l'hôpital sur les bords de la rivière Saint-Charles. « Il faudrait une autre plume que la mienne, écrivait une religieuse, pour peindre les horreurs que nous eûmes à voir et à entendre pendant vingt-quatre heures que dura le transport..... Il faut dans ces moments une force au-dessus de la nature pour pouvoir se soutenir sans mourir. Après avoir dressé plus de cinq cents lits que nous avions eus des magasins du roi, il restait encore de ces pauvres malheureux à placer. Nos granges et nos étables en étaient remplies. Nous avions dans nos infirmeries soixante-douze officiers dont trente-trois moururent. On ne voyait que bras et jambes coupés. Pour surcroît d'affliction, le linge nous manqua ; nous fûmes obligées de donner nos draps et nos chemises. » (Garneau.)

Des hauteurs que les Anglais avaient abandonnées on découvrait les remparts de Québec. Le chevalier de Lévis, aussitôt après la retraite de l'ennemi, se hâta de les occuper. Après avoir reconnu les abords de la place, il fit commencer une parallèle à 500 mètres du rempart. Trois batteries, une de six pièces, une de quatre et la dernière de trois y furent installées avec des difficultés inouïes, car on cheminait sur le roc et il

fallait apporter la terre de très loin dans des sacs.
Deux mortiers complétaient tout le matériel de siège
qu'il avait été possible de traîner jusqu'aux tranchées.

L'ennemi démasqua soixante pièces de canon sur les
fronts attaqués, et son artillerie, servie avec la plus
grande vivacité, non seulement retarda les travaux
d'approche, mais obligea plusieurs fois les troupes
placées en arrière des hauteurs à décamper.

Murray, malgré sa défaite, était déterminé à opposer la plus vigoureuse résistance aux Français. Dès le
lendemain de sa rentrée dans Québec, il avait expé-
dié un navire chargé de prévenir la flotte anglaise du
péril qui le menaçait, et il avait adressé à ses soldats
une proclamation destinée à relever leur courage
abattu :

« La journée du 28 avril, leur disait-il, a été malheureuse pour nos armes ; mais les affaires ne sont pas
si désespérées qu'elles ne se puissent réparer encore.
Je connais par expérience la bravoure des troupes
que je commande ; elles sauront faire tous leurs efforts
pour regagner ce qu'elles ont perdu. Une flotte est at-
tendue ; des renforts nous arrivent. J'invite les officiers
et les soldats à supporter leurs fatigues avec patience
et à s'exposer courageusement à tous les périls. Ils se
rappelleront qu'ils se doivent à leur pays et à leur
roi. »

Il fit compléter les fortifications du côté menacé par
les travaux d'approche des Français, renforcer les para-
pets par un remblai de fascines et de terre, et garnir
les remparts de cent quarante pièces de gros calibre
empruntées aux batteries du port, devenues inutiles.

Lévis n'avait pour répondre à cette formidable artillerie que ses quinze pièces, dont la plupart furent
bientôt hors de service. Le manque de poudre et de boulets était tel que chaque pièce n'avait que vingt coups
à tirer par jour. Tout ce qu'il était possible de faire,

dans de pareilles conditions, c'était de se maintenir dans les retranchements élevés à la hâte devant la ville et d'attendre ainsi les secours si instamment sollicités du ministère. Le 30 avril, Lévis écrivait à Vaudreuil :

« Du camp sous Québec.

« Les ennemis démasquent beaucoup d'embrasures, ce qui nous annonce un feu considérable de leur part. Tout cela ne serait rien si nous avions l'artillerie et les munitions nécessaires pour leur répondre; mais il faut espérer qu'il nous viendra quelque chose de France. Si notre faible artillerie pouvait ouvrir le mur, je vous assure que j'y grimperais le premier et que le succès ne dépendra ni de moi, ni des troupes, qui sont très bien disposées. »

Les Anglais, de leur côté, démoralisés par leur sanglante défaite, n'osaient plus se hasarder à attaquer les Français; leurs hôpitaux étaient encombrés de malades et de blessés, et ils n'espéraient leur salut que de la flotte dont on leur faisait entrevoir la prochaine arrivée.

Chaque jour, dès les premières lueurs de l'aube, assiégeants et assiégés regardaient avec anxiété dans la direction du fleuve. Le 9 mai, ils voyaient poindre à l'horizon une voile qui remontait le Saint-Laurent. Une véritable angoisse étreignit tous les cœurs.

Bientôt, on distingua le gréement du navire; c'était une frégate.

« Nous restâmes quelque temps en suspens — dit le capitaine Knox, de l'armée assiégée — n'ayant pas assez d'yeux pour la regarder; mais nous fûmes bientôt convaincus qu'elle était anglaise. On ne peut exprimer l'allégresse qui transporta la garnison. Officiers et soldats montèrent sur les remparts faisant face aux Français et poussèrent pendant plus d'une heure des hourras continuels en élevant leurs chapeaux en l'air.

La ville, le camp ennemi, le port, les campagnes voisines à plusieurs lieues de distance retentirent de nos cris et du roulement de nos canons, car le soldat, dans le délire de sa joie, ne se lassait point de tirer. Enfin, il est impossible de se faire une idée de notre allégresse si l'on n'a pas souffert les extrémités d'un siège et si l'on ne s'est pas vu, avec de braves compagnons d'armes, exposé à une mort cruelle. »

La joie délirante dont témoigne l'auteur de ce passage démontre combien avaient été grandes les craintes des assiégés.

Chez les Français, si la déception fut profonde, ils n'en laissèrent rien paraître et continuèrent avec plus de vigueur leur feu contre les fortifications. Mais le 15 mai, deux autres navires anglais mouillaient devant Québec et débarquaient les renforts qu'ils amenaient à la garnison.

Lévis, désespéré, craignant d'être coupé dans sa retraite, prit le parti de lever le siège et de se retirer encore une fois derrière la rivière Jacques Cartier. Il donna l'ordre aux bâtiments portant les vivres de remonter le fleuve et aux deux frégates de suivre les embarcations. Puis, à la nuit, il fit jeter l'artillerie, qu'il ne pouvait emporter, en bas de la falaise près de l'anse au Foulon, distribuer aux troupes les approvisionnements qui restaient et commencer la retraite qu'il effectua sans être inquiété.

Quant aux bâtiments et aux frégates, à peine appareillaient-ils qu'ils étaient poursuivis par plusieurs vaisseaux anglais et obligés de s'échouer pour éviter de tomber aux mains de l'ennemi.

Seul Vauquelin, sur *l'Atalante,* soutint pendant deux heures une lutte acharnée contre ses agresseurs et continua son feu jusqu'à ce qu'il n'eût plus ni poudre ni boulets. La moitié de son équipage était hors de combat. Il fit débarquer les hommes encore vali-

des en les invitant à rejoindre l'armée et resta sur son
bâtiment, avec les blessés et les morts, maintenant
fièrement, sous le feu de l'ennemi auquel il ne pouvait
plus répondre, son pavillon flottant au vent. Sommé de
l'abattre ou de tirer, il répondit aux Anglais que s'il
avait eu de la poudre il n'aurait pas attendu leur avis
pour continuer le feu sur leurs vaisseaux ; que pour
son pavillon, il avait toujours abattu celui des autres
et qu'on pouvait amener le sien, mais qu'il ne l'abaisse-
rait pas lui-même devant l'ennemi. L'amiral anglais
rendit hommage à ce noble adversaire en lui accor-
dant sa liberté et en le faisant reconduire en France.

Vauquelin devait y trouver comme ministre ce
même Berryer que Bougainville avait vainement sup-
plié de venir en aide au Canada. La duchesse de Mor-
temart fit une démarche en faveur de l'intrépide
marin auprès de l'indigne protégé de la Pompadour ;
elle en reçut cette réponse qui ne donne que trop la
mesure de l'esprit qui régnait alors dans la marine de
guerre :

« Madame, je sais très bien que M. Vauquelin a
servi le roi merveilleusement comme un héros ; mais
il n'est pas gentilhomme de naissance, et je dois pour-
voir aux demandes d'un grand nombre d'officiers de
grande famille. Il s'est formé dans le service mar-
chand ; qu'il y retourne ! »

Lévis, après s'être rendu compte des vivres qui restaient et avoir examiné la situation de l'armée, dont
la plupart des Canadiens, voyant tout perdu, avaient
quitté les rangs pour retourner chez eux, laissa un
corps de dix-huit cents hommes au fort Jacques Cartier
et partit pour Montréal où il arriva le 29 mai. Toutes
les ressources de la colonie en poudre, vivres et artillerie avaient été épuisées pour le siège de Québec, les
mauvais temps qui avaient accompagné la retraite et
le défaut de moyens de transport avaient obligé d'a-

bandonner en route le matériel traîné jusqu'aux tranchées; les troupes qui restaient à la disposition du
général se trouvaient dans le plus complet dénuement ;
les bataillons étaient réduits à deux cent cinquante
hommes et au tiers de leurs officiers; il n'y avait plus

Ferme canadienne.

aucune espérance de secours; le fleuve était couvert
de vaisseaux anglais. Dans l'impossibilité de tenir ses
troupes réunies, Lévis les dissémina chez les habitants
avec lesquels elles partagèrent le peu qui leur restait
en attendant que l'ennemi, après avoir reçu tous ses
renforts, s'avançât vers Montréal.

Huit cents hommes défendaient les rapides du Saint-
Laurent ; cinq cents étaient postés au sault Saint-Louis ;
Bougainville, avec quinze cents, occupait le fort de l'île
aux Noix à l'entrée du lac Champlain. De la métropole, il n'était venu qu'un secours dérisoire. Les commandants des quelques bâtiments envoyés avec du
matériel et des provisions, ayant appris dans le golfe

qu'une escadre anglaise avait remonté le fleuve, s'é-
taient réfugiés dans la baie des Chaleurs où ils restèrent à l'ancre, attendant des nouvelles de Montréal.
Averti de leur présence, le capitaine anglais Byron
vint de Louisbourg avec plusieurs vaisseaux de guerre
les attaquer et les détruire.

Une dernière ressource restait aux Canadiens : les
avances qu'ils avaient faites au gouvernement depuis
le commencement de la guerre et qui s'élevaient à
plus de quarante millions. M. de Vaudreuil fut informé
que, le Trésor étant vide, le paiement des lettres de
change tirées par le Canada était suspendu. Ce fut le
dernier coup pour ces malheureux.

« Les habitants sont désespérés, — écrivait M. de
Lévis au ministre, — ils ont tout sacrifié pour la conservation du pays et se trouvent ruinés sans ressources.

« Nous n'avons, ajoutait-il, de la poudre que pour
un combat, mais si les ennemis ne mesurent pas leurs
mouvements, nous en profiterons pour combattre le
corps qui débouchera le premier. C'est l'unique ressource qui nous reste. Nous sommes hors d'état de
tenir la campagne, et il est surprenant que nous exis-
tions encore. »

Comme les années précédentes, trois armées anglaises allaient converger sur Montréal.

Murray, laissant à Québec une forte garnison, re-
monta le Saint-Laurent avec trois frégates et trente-
deux bâtiments transportant quatre mille hommes et
une artillerie considérable. Il passa devant les retranchements élevés aux Trois-Rivières et à l'entrée de la
rivière Richelieu sans être arrêté par le feu des quelques batteries installées sur la rive, reçut devant Sorel
un renfort de quinze cents hommes détachés de la Nou-
velle-Écosse, et y attendit l'approche des deux autres
armées et l'arrivée du général Amherst, chargé de la
direction des opérations. Il avait, sur sa route, incen-

dié les habitations sans défense et fait publier partout qu'il détruirait les villages dont les habitants ne rendraient pas leurs armes; ceux des Canadiens qui resteraient dans les rangs des troupes françaises étaient en outre menacés de subir le sort des vaincus et d'être transportés en Europe.

La seconde armée, commandée par le général Haviland, devait descendre le lac Champlain et enlever l'île aux Noix; elle était forte de neuf mille hommes; cinq grands bateaux armés chacun de dix-huit canons, deux batteries flottantes et des berges transportant l'artillerie de gros calibre lui faisaient escorte.

Débarqués le 14 août en vue de l'île, les Anglais établirent aussitôt plusieurs batteries qu'ils démasquèrent le 18. Bougainville en essuya le feu pendant huit jours presque sans y répondre, afin de réserver le peu de munitions qu'il possédait pour repousser une attaque de vive force. Mais les Anglais, ne pouvant enlever la position de front, la tournèrent, forcèrent les chaînes barrant la rivière et continuèrent à descendre au fil de l'eau vers le Saint-Laurent. Bougainville, ne pouvant s'opposer à leur passage, reçut l'ordre du gouverneur d'évacuer le fort et d'opérer sa retraite sur Montréal, ce qu'il fit dans la nuit du 27 au 28, en passant sans être aperçu au milieu des troupes ennemies.

La troisième armée, la plus importante, dirigée par le général Amherst, était forte de onze mille hommes. Réunie à Chouaguen, elle s'engagea dans les rapides du fleuve Saint-Laurent et fut arrêtée par le fort Lévis, où le commandant Pouchot, renouvelant sa belle défense de Niagara, la tint en échec pendant douze jours; ce ne fut qu'après un assaut repoussé, ses murailles détruites, ses canons démontés, tous ses officiers et le tiers de ses hommes tués ou blessés qu'il se résigna à capituler.

C'était le dernier effort opposé à l'invasion. Les rapides franchis en y laissant soixante-quatre berges coulées et quatre-vingt dix-huit hommes qui se noyèrent, Amherst débarquait le 6 septembre à trois lieues de Montréal, et le 8 les deux autres armées le rejoignaient devant la ville, dont la seule défense consistait dans une simple muraille de deux ou trois pieds d'épaisseur.

Dans la nuit du 6 au 7, M. de Vaudreuil réunit un conseil de guerre ; après avoir exposé la situation désespérée où l'on se trouvait, il émit l'avis, auquel se rallièrent unanimement les membres présents, « que l'intérêt général de la colonie exigeait que les choses ne fussent pas poussées à la dernière extrémité, et qu'il convenait de préférer une capitulation avantageuse au peuple et honorable aux troupes. »

Bougainville fut chargé de se rendre auprès du général Amherst pour lui proposer une suspension d'armes et, sur son refus, une capitulation dont les articles principaux portaient que les troupes et milices sortiraient avec les honneurs de la guerre et que les habitants conserveraient l'entière et paisible possession de leurs biens ainsi que le libre exercice de leur religion.

Amherst ne consentit à suspendre les hostilités que jusqu'au lendemain et n'admit que la dernière partie des articles proposés dans l'intérêt des habitants. Il répondit à la demande relative aux troupes :

« Toute la garnison de Montréal doit mettre bas les armes et ne servira point pendant la présente guerre. »

Lévis, indigné, fit avec ses principaux officiers les instances les plus vives auprès de Vaudreuil pour repousser cette condition humiliante et d'autant moins justifiée que la dernière rencontre entre les armées des deux nations dans les plaines d'Abraham s'était terminée par une éclatante victoire des Français.

Le gouverneur refusa de rompre les négociations.

Lévis lui remit alors un mémoire dont nous reproduisons les termes :

« Aujourd'hui 8 septembre 1760, Monsieur le marquis de Vaudreuil, gouverneur général de la Nouvelle-France, nous ayant communiqué les articles de capitulation qu'il a proposés au général anglais pour la reddition du Canada et les réponses à ces articles, et ayant vu dans lesdites réponses que ce général exige pour dernière résolution, que les troupes mettront bas les armes et ne serviront point pendant le cours de la présente guerre, nous avons cru devoir lui représenter en notre nom et en celui des officiers principaux et autres des troupes de terre que nous commandons, que cet article de la capitulation ne pourrait être plus contraire au service du roi et à l'honneur de ses armes, et qu'il ne doit être admis qu'à la dernière extrémité, puisqu'il prive l'État pendant toute cette guerre du service que pouvaient lui rendre huit bataillons de troupes de terre et deux de celles de la marine, lesquelles ont servi avec courage et distinction ; service dont l'État ne serait pas privé si les troupes étaient prisonnières de guerre ou même prises à discrétion.

« En conséquence, nous demandons à Monsieur le marquis de Vaudreuil de rompre présentement tout pourparler avec le général anglais et de se déterminer à la plus vigoureuse défense dont notre position actuelle puisse être susceptible.

« Nous occupons la ville de Montréal qui, quoique très mauvaise, et hors d'état de soutenir un siège, est à l'abri d'un coup de main et ne peut être prise sans canon. Il serait inouï de se soumettre à des conditions si dures et si humiliantes pour les troupes sans avoir été canonné. D'ailleurs il reste encore assez de munitions pour soutenir un combat si l'ennemi voulait nous attaquer l'épée à la main, et pour en livrer un si Monsieur le marquis de Vaudreuil veut tenter la fortune, quoique avec des forces extrêmement disproportionnées et peu d'espoir de réussir.

« Si Monsieur de Vaudreuil par des vues politiques se

croit obligé de rendre présentement la colonie aux Anglais, nous lui demanderons la liberté de nous retirer avec les troupes de terre dans l'île de Ste-Hélène pour y soutenir l'honneur des armes du roi, résolus de nous exposer à toutes sortes d'extrémités plutôt que de subir des conditions qui nous y paraissent si contraires.

« Je prie Monsieur le marquis de Vaudreuil de mettre sa réponse par écrit au bas du présent mémoire.

« Le chevalier de Lévis. »

Le gouverneur répondit :

« Attendu que l'intérêt de la colonie ne nous permet pas de refuser les conditions proposées par le général anglais, lesquelles sont avantageuses à un pays dont le sort m'est confié, j'ordonne à monsieur le chevalier de Lévis de se conformer à ladite capitulation et de faire mettre bas les armes aux troupes.

« A Montréal, ce 8 septembre 1760.

« Vaudreuil. »

Un suprême et impérieux devoir restait à accomplir.

Lévis, voyant avec douleur que le gouverneur avait pris son parti, voulut du moins épargner aux troupes une dernière humiliation. Il ordonna qu'on brûlât les drapeaux pour se soustraire à la dure condition de les remettre aux ennemis.

Le lendemain, vingt mille Anglais occupaient Montréal.

Quelques jours après, les deux mille deux cents hommes, en comprenant les malades, blessés et invalides, restes des huit bataillons venus au Canada avec Dieskau, Montcalm et Lévis, descendaient le fleuve sur des navires de commerce pour retourner en France, et gagnant la haute mer voyaient fuir dans le lointain, puis disparaître à l'horizon, cette terre où ils avaient si vaillamment lutté et sous laquelle les trois quarts des leurs, tombés sur les champs de bataille, dormaient du sommeil éternel,